세밀화로 보는
멸종 동물 도감

일러두기

1. 인명과 지명 및 독음은 외래어표기법을 따르되, 널리 쓰이는 표현은 관용적인 표기를 따랐다.
2. 학명은 라틴어 방식으로 표기했다.
3. 본문의 주석은 모두 옮긴이 주다.

세밀화로 보는 멸종 동물 도감

초판 발행 2021년 12월 30일

지은이 라데크 말리 / **옮긴이** 황성연 / **펴낸이** 김태헌
펴낸곳 한빛라이프 / **주소** 서울시 서대문구 연희로 2길 62
전화 02-336-7129 / **팩스** 02-325-6300
등록 2013년 11월 14일 제25100-2017-000059호 / **ISBN** 979-11-90846-28-8 76400

총괄 임규근 / **책임편집** 고현진
디자인 천승훈 / **교정교열** 박성숙
영업 문윤식, 조유미 / **마케팅** 신우섭, 손희정, 박수미 / **제작** 박성우, 김정우

한빛라이프는 한빛미디어(주)의 실용 브랜드로 우리의 일상을 환히 비추는 책을 펴냅니다.

이 책에 대한 의견이나 오탈자 및 잘못된 내용에 대한 수정 정보는 한빛미디어(주)의 홈페이지나 아래 이메일로 알려주십시오. 잘못된 책은 구입하신 서점에서 교환해 드립니다. 책값은 뒤표지에 표시되어 있습니다.
한빛미디어 홈페이지 www.hanbit.co.kr / 이메일 ask_life@hanbit.co.kr
페이스북 facebook.com/goodtipstoknow / 포스트 post.naver.com/hanbitstory

© Designed by B4U Publishing, 2019
member of Albatros Media Group
Author: Radek Malý
Illustrator: Pavel Dvorský and Jiří Grbavčic
www.albatrosmedia.eu
All rights reserved.
Korean translation Copyright © 2021 Hanbit Media Arranged through Icarias Agency, Seoul
이 책의 한국어판 저작권은 Icarias Agency를 통해 Albatros Media와 독점 계약한 한빛미디어에 있습니다.
저작권법에 의해 보호를 받는 저작물이므로 무단 복제 및 무단 전재를 금합니다.

지금 하지 않으면 할 수 없는 일이 있습니다.
책으로 펴내고 싶은 아이디어나 원고를 메일(writer@hanbit.co.kr)로 보내주세요.
한빛라이프는 여러분의 소중한 경험과 지식을 기다리고 있습니다.

세밀화로 보는
멸종 동물 도감

라데크 말리 지음 · 이르지 그르바브치치와 파벨 드보르스키 그림 · 황성연 옮김

한빛라이프

지구에서 멸종된 생명들과
그런 일을 벌인 인류에 관한 이야기

목차

죽은 동물들 기억하기	06	긴꼬리껑충쥐	50
매머드	10	로키산메뚜기	52
메갈라다피스	12	불독쥐	54
자이언트모아	14	일본늑대	56
하스트수리	16	후이아	58
코끼리새	18	여행비둘기	60
오록스	20	캐롤라이나잉꼬	62
도도새	22	아흐다리	64
로드리게스레일	24	뉴잉글랜드초원뇌조	66
스텔러바다소	26	태즈메이니아늑대	68
안장등로드리게스자이언트거북	28	긴꼬리얼룩왈라비	70
파란영양	30	분홍머리오리	72
사르데냐우는토끼	32	카리브해몽크물범	74
마스카렌앵무새	34	테코파송사리	76
큰바다쇠오리	36	알라오트라논병아리	78
갈라파고스땅거북	38	황금두꺼비	80
아틀라스불곰	40	오우	82
포클랜드늑대	42	잔지바르표범	84
콰가얼룩말	44	피레네아이벡스	86
타팬말	46	양쯔강돌고래	88
스티븐스섬굴뚝새	48	네안데르탈인	90

죽은 동물들 기억하기
데이비드 스토르흐 David Storch

도도새 – 라푸스 쿠쿨라투스 Raphus cucullatus

갈라파고스땅거북

죽음이 우리 삶의 일부분이듯 종의 멸종은 진화의 일부분이다. 지구의 시간이 40억 년 가까이 흐르는 동안 수없이 많은 종이 출현했다 사라졌고, 어떤 종들은 다른 종들보다 더 빨리 사라졌다. 우리는 화석을 통해 최근 5억 년 동안 짧은 시간 내에 아주 많은 종이 멸종하는 시기가 종종 있었다는 것을 알고 있다. 대멸종으로 알려진 이러한 사건들은 지구 자연계의 근본적인 변화로 이어진다. 가장 가깝게는 6,500만 년 전에 일어난 다섯 번째 대멸종으로, 이때 조류를 제외한 모든 공룡이 멸종했다. 2억 5,000만 년 전에 발생한 페름기-트라이아스기❶ 대멸종은 규모가 가장 컸는데, 전체 생물 종의 95%가 멸종했다.

어떤 사람들은 인류 문명이 초래한 여섯 번째 대멸종 시대에 우리가 살고 있다고 말한다. 하지만 그렇게 간단하지만은 않은 문제다. 이 책에 나와 있는 것처럼, 비록 우리 시대에 적지 않은 수의 종이 멸종했지만, 지구상의 모든 종에 비하면 여전히 그들은 일부에 불과하다. 많은 종이 떼죽음을 당한, 위에서 언급한 다섯 번째 대멸종 시기에 비하면 그 수가 훨씬 적다. 게다가 약 2만 년 전 마지막 빙하기의 절정기에 살아 있던 대동물들 가운데 많은 종이 산업 문명이 시작되기 훨씬 전에 멸종했다. 그리고 그들 중 많은 종은 빙하기가 끝나기도 전에 멸종했다. 우리는 이러한 대멸종이 선사 시대의 사냥이 원인인지, 기후 변화로 인한 것인지, 아니면 다양한 요인이 복합적으로 작용한 결과인지 확실히 알지 못한다. 우리가 아는 것은 종의 멸종은 지구상의 생명체들에 적용되는 엄연한 사실이며, 그 원인은 많을 수 있다는 점이다.

우리가 정말로 여섯 번째 대멸종 시대에 살고 있다면, 우리는 그 시작점에 있다. 많은 종이 멸종하기에는 아직 충분한 시간이 흐르지 않았다. 그렇다고 그것이 안심할 만한 이유는 아니다. 멸종의 정도와 속도는 다른 문제다. 동물 종들은 예전보다 훨씬 빠르게 멸종하고 있는 것으로 보인다. 오늘날 인류 문명의 성장으로 인한 멸종이 계속 같은 속도로 진행된다면, 실제로 지질학적 역사에 기록된 다섯 번의 대멸종과 비슷한 수준에 도달할 것이다.

이러한 생각을 하면 무섭다. 우리는 미래를 예견할 수 없지만, 분명 놀라운 일들이 우리를 기다리고 있을 것이다. 한편으로는 자연계에 미치는 인류의 영향력이 커지고 있는데, 인간이 가만히 앉아서 아무것도 하지 않는다고 이러한 멸종이 멈추거나 대폭 느려질 것으로 기대하긴 어렵다. 이 책에도 나와 있듯이, 가장 잘 알려진 최근의 멸종은 자연환경의 상실, 외래 생명체와 질병의 확산과 관련이 있다. 이런 일들은 앞으로 더 흔해질 것이다. 또 보호 지역도 그 범위가 점점 더 확장되고 있는데, 유럽과 북미에서는 현재 대동물과—예를 들어 중유럽의 늑대—한때 거의 멸종된 동물로 여겼던 소동물 사이에서 이런 경향이 두드러진다. 생태 문제의 심각성에 대한 우리

스티븐스섬굴뚝새

긴꼬리얼룩왈라비

의 인식은 확실히 개선되고 있다. 이러한 추세가 어떻게 상호작용하고 어떤 새로운 요인들이 작용할지는 알 수 없다. 하지만 우리는 상황을 이해하고 무엇을 해야 하는지를 결정할 수 있다.

종의 멸종은 단순히 우리가 해결해야 할 몇몇 생태학적 문제 가운데 하나가 아니다. 나는 감히 그것이 의심의 여지없이 가장 중요한 문제라고 말하고 싶다. 인류 문명의 다른 해로운 영향과 달리 멸종은 돌이킬 수 없다. 우리가 종이라고 부르는 개별적인 진화 계통은 수백만 년의 진화 경험을 축적해왔다. 각각의 종은 그 조상들의 성공과 실패에 대한 요약된 역사를 지니고 있다. 그것은 수백만 년 동안 한 종이 직면했던 문제들을 다루는 복잡한 전략과 결정들의 집합체다. 한 종의 멸종과 함께 그러한 경험, 다시 말해 기억은 사라지고, 결과적으로 세상은 더 가난해진다. 세상은 항상 그런 궁핍화를 겪어왔다. 세상은 무한히 풍요로울 수 없고, 환경 문제를 해결하기 위한 새로운 생명과 아이디어들이 때로는 다른 것들에 어쩔 수 없이 피해를 주기도 하면서 끊임없이 그 존재를 드러낸다. 오늘날의 세계는 생물학적 측면에서 보면 과거 수천만 년 동안 그랬던 것보다 훨씬 더 궁핍화를 겪을 위험에 처해 있다. 거대한 날개를 가진 익룡이 더는 우리 곁에 없다는 사실을 한탄해봐야 아무 소용없는 일이다. 과거의 멸종은 우리가 통제할 수 없고, 우리는 화석을 통해서만 그 내용을 알 수 있다. 그러나 우리는 진화와 생태 문제에 대한 구체적이고 지능적인 해결책을 찾음으로써 독보적인 자리를 차지했던 스텔러바다소 Steller's sea cow와 태즈메이니아늑대 thylacine 같은 생명체의 부재를 심각한 일로 받아들여야 한다. 그들을 파괴한 것은 우리 인간이고, 그들은 이제 다시 우리 곁에 있을 수 없다.

무엇이 멸종이고 무엇이 멸종이 아닌지가 항상 명확한 것은 아니다. 이 책에 묘사된 동물 중에는 여전히 인류와 가까이 지내는 친척뻘 되는 종들도 있다. 몇몇 멸종한 생물은 여전히 존재하는 동물들의 아종 subspecies❷으로 여겨지기 때문에 아마도 그들의 멸종이 그렇게 심각하게 느껴지지 않을 수 있다. 그러나 한 생명체가 종인지 아종인지는 종종 논쟁의 대상이다. 살아남은 친척뻘 생물과 매우 유사한 생물(종 또는 아종)이 멸종하면, 그것은 많은 속성과 환경적 요구사항에 대처하는 방법을 유산으로 남긴다. 이 경우 비록 생존한 친척뻘 생물들이 멸종 위기에 처한 종이라 하더라도 우리로서는 아쉬워할 이유가 그리 크지 않다. 그러나 결과적으로 인류는 훨씬 더 큰 손실을 감수해야 하는 위험에 처하게 된다. 우리가 가장 염려해야 할 것은 가장 가까운 친척뻘 생물과 거의 공통점이 없는 종의 멸종이다. 예를 들어 날지 못하는 독특한 새 큰바다쇠오리나 개처럼 생긴 유일한 유대목 동물인 태즈메이니아늑대가 그렇다. 이들의 멸종은 자연계를 근본적으로 변화시킨다. 그 외 다른 모든 멸종을 생각해보면 우리는 미래를 걱정할 수밖에 없다.

이 책에는 멸종했지만 유전자(와 속성)의 일부를 남긴, 매우 이상한 두 가지 멸종 사례가 나와 있다. 예를 들어 네안데르탈인은 우

피레네아이벡스

리 조상들과 교배했는데, 이는 인류가 오늘날에도 여전히 네안데르탈인의 속성을 가지고 있고 이를 미래 세대에 물려주게 될 것임을 의미한다. 오록스aurochs❸에게 무슨 일이 있었는지는 명확하다. 오록스는 가축 소의 직접적인 선조. 야생 오록스는 멸종했을지 모르지만, 후손인 소는 오늘날 개체 수가 아주 많은 동물 가운데 하나다. 그리고 오록스는 가축화되기 전에 스텝들소와의 번식에 성공해 유럽들소를 만들어냈다. 야생에서 이루어지는 종들의 교배는 우리가 생각했던 것보다 더 흔하다. 이것은 종이 멸종될 때조차 종의 일부가 남겨질 수 있음을 의미한다. 그렇다고 동물의 멸종이 큰 손실이 아니라고 말하려는 것은 아니다. 오히려 이것은 자연이 우리가 상상하는 것보다 항상 더 복잡하고 흥미로우며, 동물의 멸종이 이야기의 끝이 아닐 수도 있음을 보여준다.

멸종한 종들의 이야기를 하나씩 살펴보다 보면 많은 것에 놀라게 된다. 물론 각각의 이야기가 다르고 우리에게 주는 가르침도 제각각 다르다. 하지만 명백히 보이는 몇 가지 공통적인 특징이 있다. 멸종은 일회성 사건이라기보다 오랜 기간 다양한 과정을 거치며 이루어진다는 것이다. 끝에 다다르기 전에 종종 최종 멸종 원인과는 다른 원인으로 인한 개체 감소가 선행한다. 또한 놀랍게도 멸종의 원인이 한 가지인 경우는 거의 없다. 대부분 여러 영향과 과정이 결합돼 최종 재앙을 초래한다. 아마도 이것은 진화 과정에서―한 종은 보통 수백만 년 동안 존재한다―한 종이 각양각색의 문제들과 맞닥뜨리기 때문일 것이다. 그러므로 인류 주변에 여전히 존재하는 종들은 많은 종류의 역경을 극복해왔다고 할 수 있다. 하지만 다양한 부정적 요인과 결합된 인간의 영향은 아무리 강인한 종이라도 견디기 어렵다. 부정적인 우연들이 자주 일어나지 않도록 할 수 있는 모든 일을 하는 것이 우리의 의무다. 비록 우리와 함께하는 종들이 앞으로도 계속 멸종하겠지만, 우리가 책임감 있게, 배려하는 마음으로 자연을 대하고 행동한다면, 지구 역사상 여섯 번째 대멸종 시대를 막을 수 있다. 이미 사라진 종들에 대한 기억이 우리의 경고이자 지침이 되어야 한다.

---

❶ 페름기(Permian Period)는 고생대의 마지막 시기로, 약 2억 9,000만 년 전부터 2억 4,500만 년 전까지를 이른다. 트라이아스기(Triassic Period)는 중생대의 첫 번째 시기로, 고생대 페름기와 중생대 쥐라기 사이이며, 약 2억 4,500만 년 전부터 1억 8,000만 년 전까지의 시간이다.

❷ 종을 다시 세분한 생물 분류 단위로 종 바로 아래 자리를 차지한다. 종으로 독립할 만큼 다르지는 않지만 변종으로 하기에는 서로 다른 점이 많고 사는 곳이 구분되는 무리의 생물을 가리킨다.

❸ 소목 소과의 멸종된 포유류.

매머드
맘무투스속 Genus Mammuthus

매머드와 사냥꾼 Mammoth and hunter

인도코끼리 Indian elephant

서식지 유럽, 아시아 북부, 북아메리카
멸종 시기 기원전 2000년

선사 시대의 모든 생물 가운데 가장 널리 알려진 존재가 공룡과 매머드다. 인류의 조상들이 매머드를 사냥했다는 사실은 잘 알려져 있다. 하지만 정말로 인류의 조상들 때문에 매머드가 멸종했을까? 과학자들은 오늘날에도 여전히 그 문제에 대해 논쟁 중이다.

흔히 매머드를 거대한 동물이라고 생각한다. 물론 가장 큰 매머드종은 키가 5m를 넘는 것이 사실이지만, 다른 종들은 그에 비하면 많이 작았다. 대부분의 매머드는—비록 500만 년 동안 서로 떨어져 살긴 했어도 친척뻘인—오늘날의 인도코끼리 크기 정도였던 것으로 보인다. 어쨌든 과학자들은 오늘날의 인도코끼리가 유전학의 힘을 빌려 매머드를 되살리는 데 도움이 되기를 희망한다. 잘 보존된 화석들에서 매머드에 대한 유전자 정보를 얻을 수 있긴 해도, 아직 그런 목표에 도달하기까지는 갈 길이 멀다.

매머드의 구부러진 상아는 오늘날의 코끼리가 가진 것보다 훨씬 더 길었고, 대부분의 매머드는 긴 털을 갖고 있었다. 위풍당당한 초식 동물이었던 이들은 스텝과 툰드라 지대의 여름 목초지에서 겨울 목초지로 떼를 지어 이동했다. 오늘날 우리는 매머드 무리와 가까운 곳에 일부러 정착한 선사 시대 인류가 매머드를 사냥했다는 사실에 대해 의심하지 않는다. 하지만 인류가 나뭇가지로 덮은 구덩이를 이용해서 매머드를 잡았다는 가설은 이제 더는 받아들여지지 않는다. 그들이 조직적인 무리에 사냥당한 것으로 보이는 흔적이 곳곳에서 발견되었기 때문이다. 인류는 매머드의 모든 부위를 버리지 않고 사용했다. 식량뿐만 아니라 오두막 지지대로도 사용하고, 상아는 식기와 장식물로 사용했다.

비록 대부분의 매머드종은 마지막 빙하 시대가 끝날 무렵 멸종했지만, 알래스카의 랭겔섬에서는 기원전 2000년까지 살았다고 한다. 마지막 매머드가 죽은 곳은 알래스카의 세인트폴섬이었는데, 바닷물이 육지를 침범하는 바람에 식량이 심각하게 감소하면서 멸종한 것으로 추측하고 있다. 그러나 지구상의 매머드 대부분은 훨씬 일찍, 다시 말해 약 1만 년 전에 멸종했다. 몇몇 가설에 따르면 매머드는 특히 북미 대륙에서 인류에게 집단 학살당했다고 한다.

다른 과학자들은 매머드와 대형 포유류에 속하는 다른 종들의 멸종이 주로 지구 기후 변화 때문에 일어났다고 믿는다. 매머드는 깊은 눈 속에서는 먹이를 찾을 수 없어 허약해졌고, 인류의 쉬운 먹잇감이 되었다. 과학자들은 시베리아에서 발견한 화석들을 두고 초조함을 감추지 못한다. 조사 결과에 따르면 매머드는 불과 몇 시간 만에—위에서 소화되지 않은 음식이 발견되었다—얼어 죽었다. 이러한 갑작스러운 기후 재앙은 지구 축의 갑작스러운 탈선과 그에 따른 지각운동이 야기했을 수 있다. 2017년 가설에 따르면 매머드는 유전적 돌연변이가 누적되어 멸종한 것으로 추정된다. 오늘날 우리는 개체 수가 수백 마리에 불과하고 멸종 위기에 처한 동물군에서 비슷한 현상을 관찰할 수 있다.

사례마다 다를 수는 있겠지만, 선사 시대의 인류는 매머드의 삶을 확실히 어렵게 만들었다. 이러한 점은 랭겔섬에서 마지막까지 생존한 매머드의 멸종이 인류가 그 섬에 도착한 시기와 정확히 일치한다는 사실에서 명확해진다.

메갈라다피스
메갈라다피스속 Genus Megaladapis

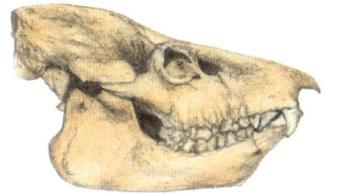

메갈라다피스 – 머리와 두개골

메갈라다피스

서식지 마다가스카르
멸종 시기 1500년경

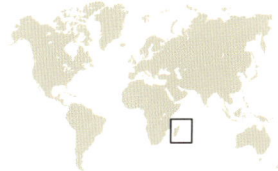

마다가스카르

아프리카 해안에서 400km 떨어진 인도양의 마다가스카르섬은 아름답고 매혹적인 곳이다. 고립된 상태 덕분에 다른 곳에서는 찾아볼 수 없는 식물과 동물 종들이 진화했다. 이런 점은 섬이 본토에서 분리된 상태였을 때 이곳에 도착한 포유동물들에게도 해당한다. 마다가스카르의 모든 포유동물은 상대적으로 크기가 작았기 때문에 코끼리 같은 큰 동물의 무게는 견디지 못했을 천연 뗏목을 타고 섬으로 헤엄쳐 왔을 거라고 추측한다.

마다가스카르에 사는 대표적인 동물 중에는 여우원숭이로 알려진 원원류도 있다. 여우원숭이라는 이름은 최초의 프랑스 식민지 개척자들이 지었는데, 밤에 원시 숲에서 울부짖는 으스스한 소리에서 따왔다(여우원숭이를 지칭하는 리머lemur는 고대 로마인들이 죽은 사람의 영혼을 지칭할 때 사용한 단어였다). 여우원숭이는 섬에 천적이 없는 덕에 다양한 환경에 적응했고, 30종이 넘는 종으로 진화했다. 어떤 종은 땅 위에 머물렀고, 어떤 종은 나무 위로 올라갔으며, 또 어떤 종은 나무 사이를 건너뛰면서 살았다.

여러 여우원숭이 중에서도 메갈라다피스속의 세 종이 가장 특이했다. 영어로는 종종 코알라여우원숭이라고 불리는데, 이름이 이미 그들에 대해 많은 것을 말해준다. 코알라여우원숭이의 생활 방식이 체구가 훨씬 작은 호주코알라와 여러 면에서 닮았기 때문이다. 메갈라다피스는 나무에서 생활할 때처럼 자신감을 가지고 땅 위를 돌아다녔는데, 화석에서 나온 이빨이 아주 조금 마모된 것으로 미루어 볼 때 그들은 어린 새싹들만 뜯어먹은 것으로 보인다. 게다가 천적이 없었고, 키 150cm, 몸무게는 80kg에 달할 정도로 덩치가 컸기 때문에 땅 위에서는 느릿느릿 움직였다. 또한 안면 부위가 길고 잘 발달한 메갈라다피스의 두개골은 놀라울 정도로 기이하다. 다른 영장류의 두개골과는 확연히 다르다.

메갈라다피스속 가운데 가장 작은 종은 메갈라다피스 마다가스카리엔시스Megaladapis madagascariensis였다. 좀 더 큰 다른 두 종은 메갈라다피스 그란디디에리Megaladapis grandidieri와 메갈라다피스 에드워드시Megaladapis edwardsi였는데, 후자는 15세기까지 살아남았을 것으로 본다. 17세기 중반 여행기에 사람의 얼굴과 원숭이의 다리를 가진 소 크기의 생명체를 만났다고 언급되어 있지만, 그것이 메갈라다피스일 것이라 확신할 수는 없다.

마다가스카르섬에 도착한 인류의 활동이 여우원숭이들의 멸종에 어느 정도까지 영향을 미쳤는가 하는 문제는 여전히 논쟁거리다. 우리는 최초의 말레이 정착민들이 메갈라다피스가 살던 숲을 약탈하고 이들을 쉬운 먹잇감으로 사냥했다고 추측할 수 있다. 그러나 마다가스카르섬에서는 여우원숭이가 종교적 이유로 원주민들이 손을 대지 않는, 신성한 동물들 가운데 하나로 남아 있다.

기후 변화가 메갈라다피스의 멸종에 더 큰 역할을 했을 수도 있다. 심한 가뭄으로 인해 숲이 줄어들고, 그 결과 생명체들은 생존에 취약해졌을 것이다. 문명이 서로 충돌할 때 흔히 일어나는 일로, 새 정착자들과 함께 섬에 도착한 병원균들에 감염된 것이 이 놀라운 여우원숭이들을 떼죽음으로 몰아넣었는지도 모른다.

자이언트모아

디노르니스 노바이제알란디아이 Dinornis novaezealandiae

자이언트모아 – 머리

자이언트모아 – 두개골

자이언트모아

서식지 뉴질랜드
멸종 시기 1500년

뉴질랜드

19세기 초 뉴질랜드에 정착한 최초의 유럽인들은 원주민 마오리족으로부터 한때 그 섬에 살았던 거대한 새에 관한 이야기를 들었다. 유럽인들은 그 새를 전설의 존재로 여겼다. 1839년 영국의 고생물학자 리처드 오언 경Sir Richard Owen이 뉴질랜드에서 발견된 15cm 길이의 유난히 가벼운 뼛조각을 여러 중개인을 통해 손에 넣었다. 4년 후 그는 과학계에 그것이 거대한 새의 뼈라고 발표하며 디노르니스 노바이제알란디아이Dinornis novaezealandiae❹라는 학명을 붙였다. 당시 공상가이자 몽상가 취급을 받은 그가 옳았다는 것이 증명되기까지는 몇 년이 더 걸렸다. 더 많은 뼈가 발견된 후, 오언 경은 복원된 자이언트모아 골격을 배경으로 사진을 찍었다.

뉴질랜드의 자연은 주변 세계와 격리된 채 수백만 년 동안 진화했다. 처음에는 그곳에 박쥐 이외의 포유류는 전혀 없었다. 생태계 내 포유류의 위치는 조류가 차지했고, 그들은 다양한 종류로 진화했다. 자이언트모아는 유달리 크게 자랐다. 암컷은 키 3.5m, 몸무게 250kg 정도로 그때까지 사람들이 알고 있던 지구상의 새들 가운데 가장 큰 새, 일종의 뉴질랜드 기린이었다. 그러나 수컷은 상당히 작았는데, 그것이 처음에 자이언트모아 암컷과 수컷을 다른 종으로 여긴 이유였다. 오늘날 과학자들은 모아를 아홉 종으로 분류한다. 모든 모아는 초식 동물로 풀이나 관목의 잎을 먹고 살았으며, 아프리카 타조와 호주 에뮤처럼 주금류❺였다. 그러나 자이언트모아는 타조와 달리 날개가 없어지고 나는 능력도 잃었다. 자이언트모아 뼛조각에는 날개의 흔적이 없다.

기후 변화는 종종 선사 시대 거대 동물megafauna의 멸종에 한몫했다. 그러나 자이언트모아가 멸망한 것은 전적으로 인류 때문이다. 사건의 주범은 11세기와 12세기에 폴리네시아섬을 떠나 뉴질랜드에 정착한 마오리족이었다. 마오리족은 자이언트모아 깃털로 몸을 치장하고, 고기를 먹고, 알껍데기를 용기로 사용했다. 또한 나무를 베어내고 숲을 불태워 섬의 자연 경관을 변화시켰다. 최근 연구에 따르면 뉴질랜드의 자이언트모아는 대부분 아주 짧은 기간(약 100년) 사이에 멸종했다. 이 믿을 수 없을 정도로 빠른 과정은 폴리네시아에서 온 약 400명의 식민지 개척자들이 촉발했는데, 그들은 인구를 늘리고 많은 부족을 형성하기 위해 자이언트모아라는 손쉬운 먹잇감을 이용했다. 나중에는 마오리족의 독특한 문화가 그들의 운명을 함께 결정했다. 서로 다른 마오리 부족들은 우호적인 관계를 이룬 적이 없었다. 섬에 도착한, 유럽에서 온 식민지 개척자들 덕분에 그들은 총기를 가질 수 있었고, 총기는 마오리 부족들이 서로를 대량 살상하는 원인을 제공했다.

오늘날 우리가 자이언트모아를 만날 수 있는 유일한 방법은 박물관에 전시된 골격과 복원된 모형을 통해서다.

---

❹ 생물학에서 생물 종에 붙인 분류학적 이름으로, 표기는 종과 속의 이름을 라틴어로 명기하는 이명법(binomial nomenclature)을 사용한다.

❺ 날개가 퇴화해 나는 힘이 없고, 지상에서 생활하기에 알맞은 튼튼한 다리를 가진 새의 총칭으로 타조가 대표적인 예다.

하스트수리
하르파고르니스 모레이 Harpagornis moorei

하스트수리 – 원주민 설화에 따른 색깔

흰점어깨수리

하스트수리 – 머리와 두개골

서식지 뉴질랜드 남섬
멸종 시기 1500년경

유럽인들이 뉴질랜드의 원주민 마오리족을 통해 처음 알게 된 새는 모아만이 아니었다. 마오리족의 전설은 거대한 포식자 새에 관한 이야기를 들려주었다. 전설에 따르면 이 새는 모아를 사냥했는데, 날개를 활짝 편 채 높은 곳에서 덮치듯 하강해 모아의 몸 뒤쪽을 거대한 발톱으로 낚아챘다고 한다. 전설은 또한 그 새의 모습을 묘사했는데, 검은색과 흰색이 섞인 바탕에 머리에는 붉은 볏이 있었고 날개 끝은 황록색이었다.

유럽인들이 그 전설을 믿지 않은 것은 당연하다. 그러나 1871년 네덜란드 출신 고생물학자 율리우스 폰 하스트Julius von Haast가 남섬 습지에서 모아의 유골을 찾던 중 거대한 독수리 뼈를 발견했다. 그로부터 1년 후에 쓴 과학 논문에서 그는 그 독수리에 하르파고르니스 모레이Harpagornis moorei라는 학명을 붙였다. 우리는 하스트수리보다 더 큰 독수리 종을 알지 못한다. 하스트수리의 몸무게는 15kg이 넘었고 날개폭은 3m에 달했다. 무게가 상당히 많이 나갔기 때문에 날개가 비교적 짧았지만, 그 덕에 공중에서 뛰어난 기동성을 보였다.

콘도르를 닮은 두개골로 미루어 과학자들은 오랫동안 하스트수리를 시체 청소부라고 믿었다. DNA 기술 덕분에 21세기가 되어서야 비로소 하스트수리의 진정한 유전적 기원이 밝혀졌다. 하스트수리가 큰 호주 독수리와 친척 관계임을 DNA 기술이 증명해줄 것으로 예상했던 터라 새로 밝혀진 내용은 충격으로 다가왔다. 이 엄청나게 작은 뇌를 가진 거대한 새는 가장 작은—무게가 1kg도 안 되는—독수리 종에서 진화한 것으로 밝혀졌다.

하스트수리의 골격을 복원한 결과를 보면 이들은 정말로 경이로운 포식자였다. 하스트수리는 시속 80km의 속도로 공중에서 곤두박이치는 공격을 가해 엄청난 힘을 얻을 수 있었다. 이것은 왜 모아의 뼈가 구멍이 난 채 발견되었는지를 설명해준다. 하스트수리의 거대한 발톱 때문에 생긴 것이 틀림없었다. 기본적으로 새들이 우세한 뉴질랜드의 생태계에서 하스트수리는 대륙에서 큰 고양잇과 동물들이 수행하는 역할을 맡았다. 게다가 이 독수리의 발톱은 호랑이 발톱만큼이나 컸다.

하스트수리의 진정한 첫 번째 경쟁자는 인간이었다. 인간들은 대규모로 모아를 사냥할 뿐만 아니라, 그 거대한 독수리의 서식지를 불태웠다. 마오리족이 적극적으로 하스트수리를 사냥했다는 증거는 없지만, 인간들이 먹잇감을 빼앗아감으로써 하스트수리의 멸종을 초래했을 가능성이 있다.

우리는 이제 이 전설적인 새가 실제로 존재했다는 사실을 알고 있지만, 과학자들은 이 새의 깃털 색깔을 확실히 알지 못한다. 실제 원주민 설화에 묘사된 것과 같았는지도 모르지만, 갈색이나 회갈색이었을 가능성이 더 크다.

코끼리새
아이피오르니스 막시무스 Aepyornis maximus

알을 지키는 코끼리새

골격

두개골과 머리

마다가스카르

서식지 마다가스카르
멸종 시기 17세기 초

유명한 탐험가 마르코 폴로Marco Polo와 같은 시대에 살았던 사람들은 종종 그의 믿기 힘든 묘사를 비웃곤 했다. 그의 여행기에는 신비로운 '코끼리새'에 대한 언급이 있는데, 그는 코끼리새가 코끼리를 발톱으로 잡아 공중으로 들어 올린 다음 떨어뜨려서 내장을 먹을 수 있다고 주장했다. 그런데 그의 설명 중 많은 부분이 사실로 증명되었다. 전설적인 코끼리새의 모델이 아이피오르니스Aepyornis였을 가능성이 있을까? 비록 아이피오르니스가 날지 못하는 초식 동물이긴 해도 말이다. 그도 그럴 것이 우리는 아이피오르니스가 세상에서 가장 거대한 새였다는 사실을 알고 있다.

인도양의 외딴 섬 마다가스카르는 독특한 동식물 종들의 진화에 이상적인 조건을 제공했다. 우리는 마다가스카르에서 기원한 일곱 종의 거대한 새를 알고 있다. 모두가 아이피오르니스과에 속한다. 우리에게 코끼리새로 알려진, 아이피오르니스과에서 가장 큰 새가 가장 긴 시간 동안 살아남았는데, 유럽인들이 이 섬에 도착하기 직전인 17세기까지 살았던 것으로 보인다. 하지만 유럽인들이 이 섬의 첫 정착민은 아니었다. 약 2,000년 전에 아랍인들도 카누를 타고 이 섬에 도착했다. 그리고 그들이 이 거대한 새를 멸종시킨 원인이었다. 그들은 섬의 자연환경을 바꾸었고, 무방비 상태의 거대한 새들을 서식지에서 몰아냈으며, 무엇보다도 그들의 알을 가져갔다. 코끼리새의 알은 길이가 30cm가 넘고 부피는 10ℓ 정도였다. 아랍 정착민들 시절에는 그런 알 하나가 온 마을을 먹여 살렸다.

타조의 먼 친척인 이 거대한 새가 어떻게 이 섬으로 오게 되었는지를 두고 과학자들은 이견을 보인다. 이 섬의 몇천만 년 전 선조 새들은 온전히 작동하는 날개를 가지고 있었을 수도 있고, 마다가스카르가 아직 대륙의 일부였을 때 육지를 통해 도착했을 수도 있다. 여하튼 천적이 없는 섬이라는 좋은 조건에서 이들의 날개는 성장을 멈추었다. 이들은 뉴질랜드의 자이언트모아처럼 초식성 거대 새가 되었고, 중요한 역할을 담당하는 씨앗(예를 들어 바오바브나무 열매) 운반자로 진화했다. 코끼리새는 키 3m에 몸무게 400~500kg까지 성장했다. 생태계에 천적이 없었던 코끼리새들은 활동성이 떨어지는 삶을 살았고, 이러한 점이 체중에 반영되었다.

유럽의 식민지 개척자들은 거대한 새들에 대한 원주민들의 이야기를 심각하게 받아들이지 않았다. 그러나 1851년 아르노 아바데Arnauld Abade 선장이 날지 못하는 거대한 새의 알 세 개와 뼛조각 하나를 프랑스로 가져가면서 반박할 수 없는 증거가 되었다. 머지않아 이루어진 추가 발견과 연구는 완전한 코끼리새의 골격을 만들어냈다. 오늘날 우리는 마다가스카르 시장에서 코끼리새의 두꺼운 알껍데기 파편을 살 수 있다. 호주 과학자들이 알 파편에서 온전한 DNA를 추출하는 데 성공했는데, 이는 가까운 미래에 코끼리새를 직접 볼 수도 있음을 의미한다. 더욱이 마다가스카르 원주민들은 아직도 마치 어제 낳은 것처럼 보이는 알을 먼 습지에서 찾을 수 있다고 주장한다.

오록스
보스 프리미게니우스 Bos primigenius

서식지 유럽, 아시아 및 북아프리카
멸종 시기 1627년

오늘날 가축 소의 야생 조상인 오록스는 한때 광대한 지역에 살았다. 여러 고대 문화권에서 오록스는 종교적 숭배 대상이었다. 예를 들어 아시리아인, 바빌로니아인, 이집트인들은 오록스를 힘과 권력, 장엄함의 상징으로 여겼다. 그러나 그러한 위대한 지위나 이후에 공포된, 왕족만이 오록스를 사냥할 수 있다는 칙령도 인간의 손에 이들이 멸종당하는 상황을 모면할 수 있게 해주지는 못했다.

지금 우리는 오록스의 모습이 어땠는지 잘 알고 있다. 고고학자들은 15개의 완전한 골격을 복원하고 털 유해까지 발견했다. 또한 우리는 석기 시대 벽화를 통해서도 오록스를 알고 있다. 네안데르탈인은 오록스를 사냥했고, 이후 현세 인류도 마찬가지였다. 거대한 생명체인 수컷은 무게가 1t에 달했지만, 암컷은 그보다는 상당히 작았다. 겨울에는 짧고 매끄러운 털이 두꺼워지고 길어졌다. 수컷은 검은색이었고 암컷과 어린 오록스는 적갈색을 띠었다. 거대한 수금❻ 모양의 뿔은 특징적으로 눈에 잘 띄었다.

오록스의 먹이는 주로 풀과 다른 초본 식물❼, 도토리, 나뭇잎이었다. 적응력이 뛰어나 삼림 지대에서 스텝 지대까지, 저지대에서 고산 지대까지 다양한 서식지에서 살 수 있었다. 그러나 기후 변화로 인해 원래 거주지 중 많은 곳에서 쫓겨났고, 인간의 개입은 이들의 거주 공간에 더 많은 제약을 초래했다. 오랜 시간이 걸리긴 했지만, 인간들은 오록스를 우리가 알고 있는 소로 가축화하는 데 성공했다. 이 여정은 거의 1만 1,000년 전에 유프라테스강과 티그리스강의 계곡에서 시작되었다. 가축 소는 약 8,000년 전에 터키와 남유럽을 거쳐 중유럽까지 도달했다.

오록스는 기후 변화와 사냥으로 인해 이집트에서 먼저 멸종했고, 이후 메소포타미아에서도 멸종했다. 하지만 기원후 1세기경에도 오록스는 여전히 남유럽에서 발견되었고, 검투사 전투가 벌어지는 로마 경기장에도 자주 등장했다. 집중적인 사냥으로 남유럽과 서유럽, 중유럽에서 점차 사라졌으나 폴란드 야크토로프Jaktorow 마을의 왕족 보호구역에서 겨우 살아남았다. 마지막 오록스는—암컷이었다—1627년 야크토로프에서 죽었다.

20세기에 들어서는 오록스를 부활시켜 야생에 다시 도입하려는 여러 시도가 이루어졌다. 동물학자들과 과학자들은 원래 오록스 개체군과 유사한 소를 선택적으로 번식시켜 생태계에서 다시금 이들이 역할을 해내길 희망하고 있다. 오록스의 부활을 위한 가장 최근 프로젝트인 '타우로스Tauros'는 2008년 네덜란드에서 시작되었다. 중유럽과 동유럽에서 진행된 타우로스 프로젝트의 첫 번째 무리는 2015년 중부 보헤미아 지역의 밀로비체에 있는 옛 군사기지 땅으로 들어왔다.

현대 오록스가 유럽 서식지에 어떻게 적응해나갈지, 서식지는 또 어떻게 오록스에 대응하는지는 지켜볼 일이다.

---

❻ 세모꼴 틀에 47개의 현을 세로로 평행하게 걸고, 두 손으로 줄을 튕겨 연주하는 현악기를 말한다.
❼ 지상부에 나무줄기를 형성하지 않는 식물을 초본 식물이라고 한다.

도도새
라푸스 쿠쿨라투스 Raphus cucullatus

도도나무 – 씨앗

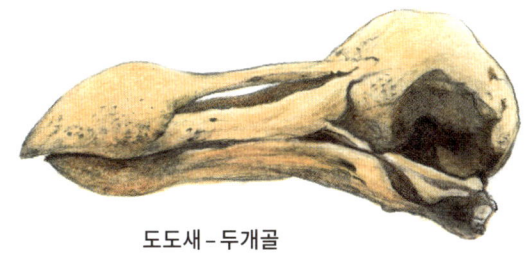

도도새 – 두개골

서식지 모리셔스
멸종 시기 1662년

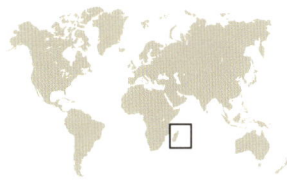

인도양의 외딴 섬 모리셔스는 많은 희귀 식물과 동물의 서식지다. 그곳은 한때 인간으로부터 심한 조롱을 받은 생명체, 다시 말해 모든 멸종된 동물을 상징하게 된 생명체의 터전이었다. 이 생명체의 고향인 모리셔스는 이들에 관한 전설과 슬픈 최후로 관광객을 계속 끌어들이고 있지만, 라틴어 이름인 디두스 이넵투스Didus ineptus가 '서투른 바보'로 번역되는 도도새는 그런 인기를 누리지 못한다.

1505년 포르투갈인들이 모리셔스섬을 발견했을 때, 아라비아 뱃사람들은 오래전부터 그 섬의 존재에 대해 알고 있었다. 하지만 그곳에서 발견한 날지 못하는 칠면조 크기의 새가 멍청하다고 처음 생각한 사람들은 포르투갈인들이었다. 그 새가 인간을 두려워하지 않았기 때문이다. 나중에 그 섬에 영구적인 터를 닦은 네덜란드인들은 숲을 약탈하고 농장을 세웠는데, 결과적으로 많은 동식물의 생존에 필요한 자연환경을 파괴했다.

도도새는 주로 서식 환경의 변화, 특히 이들의 둥지를 습격한 쥐, 고양이, 원숭이, 돼지와 같은 비토착 포유류의 출현으로 인해 멸종했다. 하지만 도도새는 사람들이 말하는 것처럼 멍청하고 어설프고 뚱뚱하지는 않았다. 단지 새로운 환경에 적응하지 못했을 뿐이다.

도도새가 너무 빨리 멸종했기 때문에 우리는 여전히 도도새가 어떻게 생겼는지 정확히 알지 못한다. 선원들은 도도새가 물고기를 잡고 돌과 쇠를 먹었다고 주장했지만, 아마도 도도새는 과일을 먹었을 것이다. DNA를 분석한 결과, 이들은 의심의 여지없이 비둘기의 친척뻘인 것으로 확인되었다. 1662년 2월 아른헴Arnhem이라고 불리는 네덜란드 배가 인도양에서 난파되었다. 몇몇 선원이 모리셔스섬에 상륙했고, 그들은 살아 있는 도도새를 마지막으로 본 사람들이 되었다. 생존자들 가운데 한 명인 폴커르트 에버르츠Volkert Evertsz는 아직 포식자들이 접근할 수 없었던 이 외딴 섬에서 자신이 관찰한 내용을 묘사했다. 도도새는 17세기 중반에 완전히 사라진 것으로 추정된다. 이들의 사촌뻘인 로드리게스 솔리타이레 Rodrigues solitaire는 18세기 말까지 로드리게스섬에서 생존했다.

인도와 일본, 유럽의 통치자들을 위한 선물로 모리셔스섬에서 살아 있는 도도새가 잡혀간 일도 있었다. 유럽 최초의 도도새는 프라하성에 머무르고 있던 황제 루돌프 2세의 동물원에 감금되었다. 호기심이 많았던 루돌프 황제가 도도새를 그린 그림들을 가지고 있었다는 것은 그리 놀랍지 않다. 프라하에 머물렀던 도도새의 턱과 부리는 여전히 국립 박물관에 전시되어 있다. 1638년 런던에서는 살아 있는 도도새를 전시하기도 했다. 옥스퍼드에 있는 한 박물관은 한때 온전한 도도새를 보유했지만, 오늘날 남아 있는 것은 미라화된 머리와 부드러운 조직이 있는 한쪽 다리뿐이다. 남아프리카에서는 진귀한 도도새 알을 볼 수 있다.

도도새와 관련된 마지막 전설은—최근까지도 그 정확성에 대한 의문이 제기되지 않았다—라틴어 이름이 시데록실론 그란디플로룸 Sideroxylon grandiflorum❽인, 모리셔스섬에서 유래한 목본❾에 관한 것이다. 도도나무는 도도새가 사라진 후 섬에서 자취를 감추기 시작했다. 1970년대에 미국의 생태학자 스탠리 템플Stanley Temple은 도도나무가 번식을 위해 도도새에게 의존했다고 주장했다. 그 나무의 씨앗 껍질이 너무 질겨 발아 전에 도도새의 소화관을 통과할 필요가 있었다는 것이다. 다만, 이 가설은 증명되지 않았다. 그저 도도나무가 모리셔스섬에서 계속 자라고 있다는 걸 기쁘게 생각하자. 도도나무는 도도새와 우리 인간들의 어리석음을 일깨워주는 산증인이니까.

---

❽ 흔히 도도나무라고 불린다.

❾ 줄기나 뿌리가 비대해져 질이 단단한 식물을 말하며, 교목, 관목, 상록수, 낙엽수, 침엽수, 활엽수 따위로 분류한다.

로드리게스레일
에리트로마쿠스 레과티 Erythromachus leguati

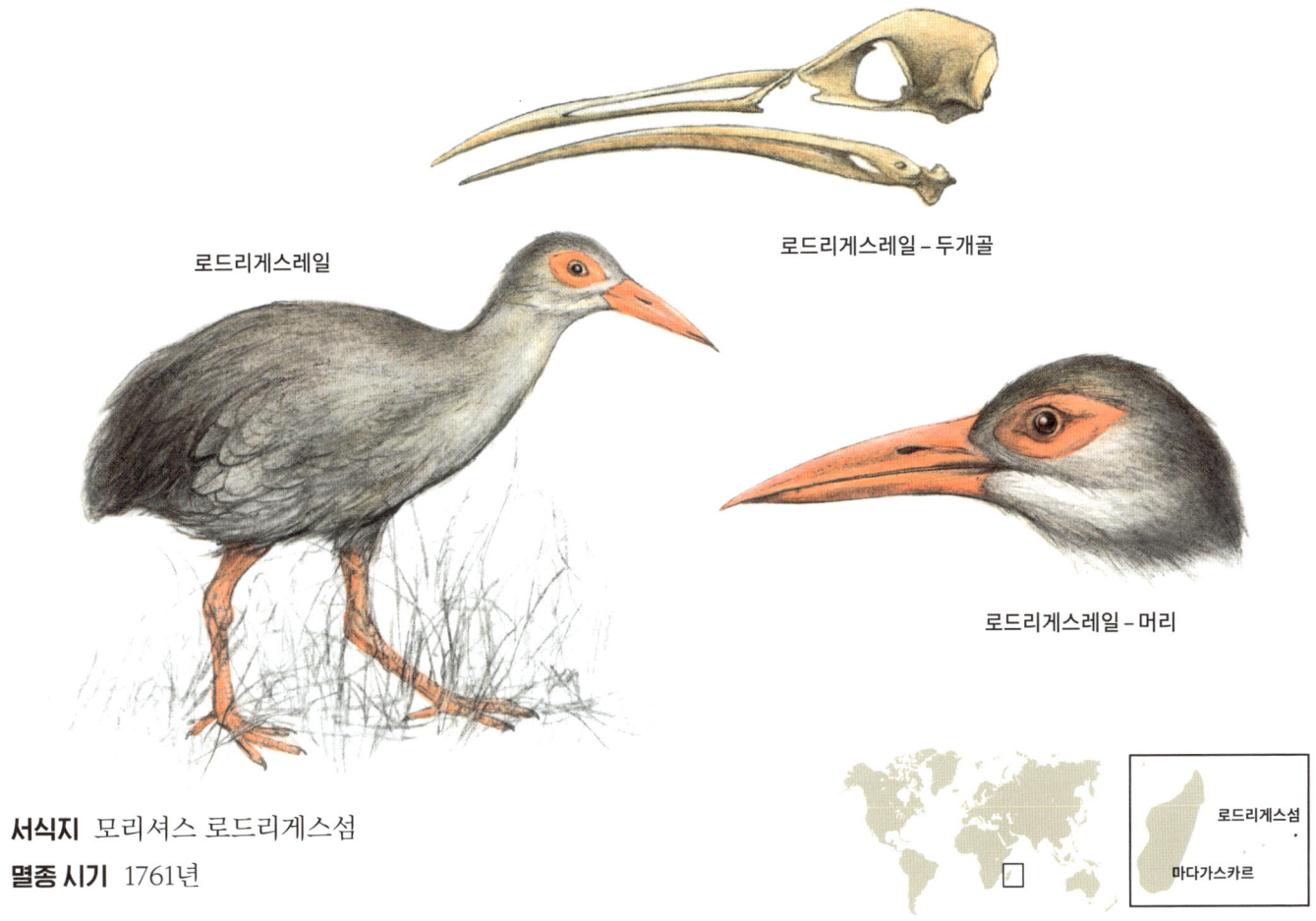

로드리게스레일
로드리게스레일 – 두개골
로드리게스레일 – 머리

서식지 모리셔스 로드리게스섬
멸종 시기 1761년

로드리게스섬
마다가스카르

우리가 로드리게스라고 알고 있는 화산섬은 1528년 포르투갈 선원 디에고 로드리게스Diego Rodriquez가 발견했고, 그래서 그의 이름을 따서 섬 이름을 지었다. 그러나 이 섬은 10세기부터 아라비아의 해상 지도에 나와 있었다. 1691년에는 섬을 식민지화하려는 시도가 있었다. 프랑스 탐험가 프랑수아 르구아François Leguat와 종교적 신념 때문에 고국에서 박해를 받은 소수의 프랑스 위그노 교인 집단이 이 섬에 정착했다. 일 년 동안 그곳에 머물렀던 식민지 주민들은 로드리게스를 떠나기로 결정했고, 배를 타고 네덜란드의 통치하에 있던 모리셔스로 건너갔다. 1698년에 프랑스로 돌아간 르구아는 1708년 자신이 여행하면서 겪은 모험담과 마스카렌 제도의 자연을 관찰한 내용을 담은 책을 성공적으로 출판했다.

이것이 로드리게스레일이 '르구아의 레일'이라고도 알려진 이유다. 이 튼튼하고 날지 못하는 새는 연한 회색 깃털과 눈에 띄는 붉은 부리, 붉은 다리를 가졌고, 얼굴에는 붉은 반점이 있었다. 르구아는 자신의 책에서 로드리게스레일을 다음과 같이 묘사했다.

"우리의 '들꿩'은 일 년 내내 포동포동하고 매우 섬세한 입맛을 가지고 있다. 색깔은 항상 밝은 회색이고, 암수의 깃털은 거의 차이가 없다. 둥지를 너무 잘 숨겨서 찾아낼 수가 없었고, 결과적으로 우리는 이들의 알을 맛보지 못했다. 눈 주위에는 붉고 매끈한 부분이 있다. 부리는 곧고 뾰족하며 그 길이는 2.4in 가까이 되는데, 역시나 붉은색을 띤다. 이들은 날지 못했다. 살이 많이 쪄서 날 수 없을 정도로 무거웠기 때문이다." 르구아의 증언은 1726년 프랑스의 또 다른 탐험가 쥘리앵 타포레Julien Tafforet의 증언으로 이렇게 보강되었다. "그들은 보통 땅속에서 찾아낸 땅거북의 알을 먹는데, 그로 인해 살이 많이 쪄서 종종 달리는 데 어려움을 겪는다. 그들의 울음소리는 계속해서 불어대는 휘파람 소리와 같다. 자신들을 뒤쫓는 누군가를 발견하면 딸꾹질하는 사람처럼 또 다른 소리를 낸다."

1761년 프랑스 천문학자 알렉상드르 기 핑그레Alexandre Guy Pingre가 금성의 궤적을 관찰하기 위해 로드리게스섬을 방문했다. 그 무렵에는 섬에 로드리게스레일이 남아 있지 않았다. 로드리게스섬으로 고양이를 데려간 것이 이들이 멸종된 주요 원인으로 추정된다. 고양이에게 로드리게스레일은 쉬운 먹잇감이었기 때문이다. 하지만 거북 사냥꾼들이 섬의 숲을 불태운 것도 한몫했다.

스텔러바다소
하드로가말리스 기가스 Hydrogamalis gigas

스텔러바다소

스텔러바다소 – 두개골

코만도르스키예 제도

서식지 러시아 코만도르스키예 제도
멸종 시기 1768년

스텔러바다소는 해안에서 살았고 주로 해양 식물을 먹었다. 아마도 이들은 미신을 믿는 선원들이 한때는 인어라고 생각한 생명체였을 것이다. 이들은 유혹하는 듯한 노래로 배를 끌어들여 좌초하게 만들었다. 이것이 이 포유류가 속한 집단의 명칭이 고대 신화에 나온 물고기 꼬리를 가진 가수 사이렌Siren에서 따온 시레니아Sirenia⑩로 알려지게 된 이유다. 그러나 스텔러바다소는 인간들에게 위험이 되기는커녕 기근으로부터 구해낸 구세주였다. 하지만 그 후 불과 27년 만에 인간들은 스텔러바다소를 멸종시켰다.

스텔러바다소는 유일하게 북쪽의 차가운 물에서 서식한 바다소목 동물이었다. 남아 있는 뼈들을 분석해보면, 이들은 수세기 전에 인간들이 살던 지역에서 멸종된 것으로 추정되지만 한때는 북태평양 전역에 널리 퍼져 있었음을 알 수 있다. 근래에는 러시아의 탐험가 비투스 베링Vitus Bering이 이끄는 탐험대가 스텔러바다소를 발견했다. 이 탐험대는 1741년 11월 코만도르스키예 제도 부근에서 난파했는데, 독일의 박물학자 게오르크 빌헬름 스텔러Georg Wilhelm Steller도 그 탐험대의 일원이었다. 그의 메모 노트에는 오늘날 우리가 스텔러바다소에 대해 알고 있는 내용이 적혀 있었고, 스텔러바다소라는 이름도 그의 이름에서 따온 것이다. 괴혈병에 걸린 조난자들은 섬에서 10개월을 보내야 했고, 그동안 스텔러바다소는 언제나 환영받는 존재였다. 이들은 고기와 비타민이 풍부한 지방을 쉽게 확보할 수 있는 공급원이었다. 선원들은 스텔러바다소 가죽을 이용해 작은 배를 만드는 데 성공했고, 1742년 8월 그 배를 타고 본토로 항해했다. 당시 스텔러는 살아 있는 바다소의 수를 약 2,500마리로 추정했다.

일부 언어권에서는 스텔러바다소의 짙은 색 가죽에 어울리는 이름으로 명명하기도 하는데, 가죽 두께는 7cm에 달하고 그 구조가 나무껍질을 연상시킨다. 가죽은 차갑고 날카로운 바위로부터 스텔러바다소를 보호했다. 몸길이는 8m 정도이고 몸무게는 4t에 달하는, 바다소목 가운데 가장 거대한 생명체였다. 이들의 포동포동한 몸통과 현저히 작은 머리는 고래처럼 두 갈래로 갈라진 꼬리로 보완되었다. 앞다리는 수영과 먹이 활동에 사용되었고 물갈퀴 형태를 띠었다. 스텔러바다소는 무리를 지어 살며 해양 식물을 먹고사는, 느릿느릿하고 사람을 무서워하지 않는 동물이었다.

스텔러바다소의 멸종 속도는 무서울 정도였다. 이들은 식량 또는 항해를 위한 역할을 했고, 털을 얻기 위한 목적으로 사냥 당했다. 1754년 겨울 코만도르스키예 제도에서 일하던 러시아의 광산 기술자 피터 야코블레프Peter Yakovlev는 작살을 쏘는 사람들이 피비린내를 풍기며 스텔러바다소를 학살하는 장면을 목격했다. 그래서 러시아 당국이 바다소 사냥을 금지하게 하려는 노력을 시작했다. 하지만 그러한 노력은 허사였다. 마지막 스텔러바다소는 1768년 이반 포포프라는 사람에게 죽임을 당했다. 1780년 독일의 동물학자 에베르하르트 아우구스트 빌헬름 폰 치머만Eberhard August Wilhelm von Zimmermann은 남아 있는 뼈들을 바탕으로 스텔러바다소를 공식적으로 기술하고 명명했다. 오늘날 전 세계적으로 소수의 박물관만이 희귀한 컬렉션 가운데 하나로 스텔러바다소의 뼈와 가죽 조각들을 소장하고 있다.

---

⑩ 한국어로는 분류 체계상 바다소목으로 불린다.

안장등로드리게스자이언트거북

킬린드라피스 보스마이리 Cylindrapis vosmaeri

로드리게스
자이언트거북

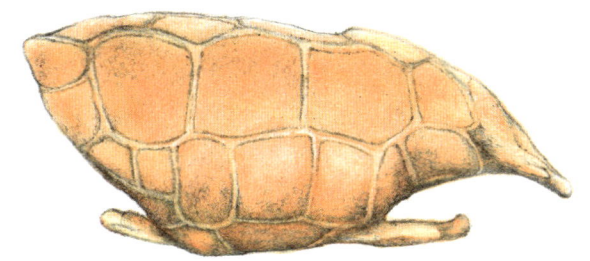

안장등로드리게스자이언트거북 – 등딱지

서식지 모리셔스 로드리게스섬
멸종 시기 19세기 초

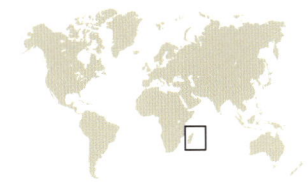
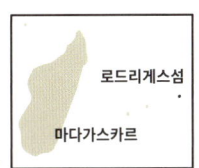

로드리게스섬
마다가스카르

자이언트거북 종은 원래 인류가 살지 않았던 많은 열대 섬에서 진화했다. 이들에게는 큰 취약점이 있었고, 그로 인해 이 종들 가운데 극소수만이 오늘날까지 살아남았다. 가장 잘 알려진 것 중 하나는 인도양 한가운데 있는 로드리게스섬에서 서식한 안장등로드리게스자이언트거북이다. 안장등로드리게스자이언트거북은 이웃한 모리셔스섬에서 서식했던 도도새와 마찬가지로 슬픈 운명을 맞이했는데, 이들은 도도새보다 겨우 130년 더 살았을 뿐이다.

이 종의 멸종에 대해서는 앞장의 로드리게스레일에 대한 설명에서 언급한 바 있는 탐험가 프랑수아 르구아의 책에서 확인할 수 있다. 그는 이렇게 묘사했다. "그들에게서는 매우 이상한 점을 찾아볼 수 있는데, 그들은 항상 보초병들을 무리 진영에서 조금 떨어진 곳 네 모퉁이에 배치한다. 보초병들은 진영을 향해 등을 돌린 채 마치 감시하듯 눈을 부릅뜨고 바라본다. 그들을 볼 때마다 발견되는 모습이다. 이것은 이해하기 어려운 미스터리인데, 이 생명체들은 스스로를 방어할 수도, 하늘을 날 수도 없기 때문이다."

그 당시에는 두 종의 자이언트거북이 로드리게스섬에 아주 많이 서식했다. 안장등거북(라틴어 학명은 네덜란드 박물학자 아르나우트 포스마르Arnout Vosmaer의 이름에서 따왔다)과 더불어 키 낮은 풀을 뜯는 초식 동물이었던, 다소 작은 돔 모양의 로드리게스 자이언트거북(킬린드라스피스 펠타스테스Cylindraspis peltastes)도 있었지만, 이들 역시 19세기에 멸종했다. 안장등거북은 앞쪽이 올라간 '안장등' 형태의 등딱지와 목이 길어서 기린과 같은 몸매를 가졌다는 점에서 돔 모양 거북과 달랐다. 이 목을 통해 안장등거북은 키가 큰 식물과 관목의 풀을 뜯을 수 있었다. 다른 섬에서도 거북들 사이에 먹이사슬상의 비슷한 분업이 있었다. 안장등로드리게스자이언트거북의 키는 약 1.5m였다.

로드리게스섬에 대한 프랑수아 르구아의 묘사 덕분에 오늘날의 독자들은 안장등로드리게스자이언트거북이 수천 마리씩 무리를 지어서 이동할 만큼 그 수가 아주 많았음을 알 수 있다. 르구아는 원한다면 거북들의 등딱지를 밟으며 이리저리 걸어 다닐 수 있었다고 주장했다. 르구아는 또한 거북 고기의 맛이 훌륭하다고 칭찬했다. 당시에는 해적이나 지나가는 배들이 가끔 거북을 사냥했다. 그러나 이들은 갑자기 프랑스와 영국의 탐험대에게 조직적으로 약탈당하기 시작했고, 수만 마리의 거북이 섬에서 반출되었다. 식량과 물 없이 최대 15주까지 생존할 수 있다는 사실이 알려지자 선원들은 이들을 식량 공급원으로 사용하기 시작했다. 선원들은 기름 공급원이었던 거북알도 약탈했다. 얼마 지나지 않아 모리셔스섬과 로드리게스섬, 레위니옹섬의 자이언트거북들이 빠르게 사라졌다. 멧돼지와 도처에 존재하는 쥐들 역시 이들의 멸종에 기여했다. 1795년에 한 쌍이 목격된 것을 마지막으로 더는 안장등로드리게스자이언트거북을 볼 수 없었다.

오늘날 안장등로드리게스자이언트거북을 보고 싶다면, 파리 박물관에 가서 박제된 전시물을 관람해야 한다. 두 개의 온전한 등딱지는 유럽의 다른 곳에 보존되어 있다. 이 종의 흔적을 그 이상은 발견할 수 없다. 르구아의 책에 나오는 다음 구절은 씁쓸한 뒷맛을 남긴다. "거북은 아름다운 생물은 아니지만, 우리가 로드리게스섬에서 발견한 그 어떤 것보다도 유용했다. 섬에서 보낸 3개월 반 동안 우리는 다른 건 거의 먹지 않았다. 거북 수프, 거북 튀김, 거북 스튜, 거북알, 거북 간 등등은 우리 식단에서 최고의 자리를 차지했다. 나는 거북 고기를 첫날과 마찬가지로 마지막 날에도 맛있게 먹었다."

파란영양

히포트라구스 레우코파이우스 Hippotragus leucophaeus

파란영양

론영양

파란영양 – 두개골

서식지 아프리카 남부
멸종 시기 1799년

아프리카 남부

남아프리카, 줄무늬 없는 얼룩말과 파란영양이 있는 신비로운 땅. 석기 시대 말기의 인류가 이들을 특별한 힘을 가진 초자연적 존재로 여긴 것은 놀랍지 않다. 이는 부시맨들이 왜 벽화에 파란영양—혹은 푸른영양—을 그렸는지를 설명해준다. 하지만 특별한 힘은 오히려 이 근사한 동물을 발견한 지 100년 만에 멸종시키는 데 성공한 인류가 가지고 있었던 것으로 보인다.

파란영양은 몸길이가 3m 조금 안 되는 온순하고 고상한 동물이었다. 수컷 한 마리가 지배적 지위를 누리면서 암컷과 새끼들을 거느렸고, 다양한 크기의 무리를 지어가며 아프리카 서남부의 짧은 해안선을 따라 서식했다. 다른 영양들과 달리 파란영양은 건조한 지역에 서식했기 때문에 주로 여러해살이풀을 뜯어 먹으며 살았고, 매일 물을 마셔야만 했다. 이들은 비슷한 검은영양 및 론영양과 비교하면 체구가 작았다. 파란영양 새끼는 생후 몇 달이 지나면 파란색으로 변했고, 수컷은 나이가 들면서 하얀색으로 변했다. 반면 암컷은 나이가 들어도 파란색 털을 유지했다. 하지만 죽은 직후에는 가죽에서 색이 사라진다. 이런 이유로 오늘날 우리들의 눈에는 파란영양이 마치 꿈의 세계에서 온 생명체처럼 보인다.

파란영양은 한 번도 개체 수가 많았던 적이 없었다. 고고학자들은 서기 5세기부터 개체 수가 감소한 것으로 추정하고 있는데, 이때는 양들과 경쟁하면서 새로운 질병을 얻은 시기였다. 나중에 파란영양은 사냥꾼들에게 손쉬운 사냥감이 되었고, 그들은 파란영양의 고기를 자신들의 사냥개에게 먹였다. 파란영양에 대한 최초의 기록은 18세기 초로 거슬러 올라간다. 과학적 기술은 1776년에 이뤄졌는데, 그 무렵 파란영양은 이미 그 수가 상당히 줄어든 상태였다. 마지막 파란영양은 1799년에 총에 맞아 죽었다. 이것은 아프리카 역사에 기록된, 대동물 종이 인간으로 인해 멸종된 최초의 사례다.

오늘날에는 박물관에서도 파란영양의 표본을 만나기가 어렵다. 우리는 스톡홀름과 파리, 비엔나, 라이덴(네덜란드) 네 곳에서 파란영양의 박제된 가죽을 감탄하며 감상할 수 있다. 유럽과 케이프타운의 박물관에는 두개골 두 개와 뿔 몇 개가 보존되어 있다. 이 영양종은 문학 작품에까지 진출하는데, 1863년에 성공적으로 출간된 프랑스 작가 쥘 베른의 첫 소설 《기구를 타고 5주간》에 파란영양은 이렇게 묘사되어 있다. "회색으로 변해가는 연푸른색을 띠지만, 배와 다리 안쪽은 눈처럼 하얀, 매우 놀라운 동물이다."

사르데냐우는토끼
프롤라구스 사르두스 Prolagus sardus

초원우는토끼

사르데냐우는토끼

사르데냐우는토끼 – 골격

서식지 이탈리아 사르데냐섬, 프랑스 코르시카섬
멸종 시기 1800년경

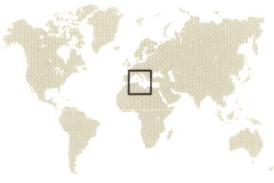

사르데냐와 코르시카

우는토끼는 재미있는 동물이다. 심지어 이름조차 웃기게 들린다. 토끼와 친척뻘이지만 겉으로만 보면 몸집이 매우 큰 기니피그 같다. 꼬리가 없고, 짧은 귀를 가졌으며, 활발하고 민첩하다. 물론 거기엔 다 이유가 있다. 이들은 겨울잠을 자지 않기 때문에 겨울 동안 건조된 상태로 먹을 수 있는 식물을 모으고 저장하면서 여름을 보낸다. 오늘날 우는토끼는 아시아와 남아메리카의 외딴 스텝 지대와 언덕에 살고 있다. 이들 중 하나인 큰귀우는토끼Large-eared pika는 지구상의 다른 어떤 포유동물보다 높은 고도(해발 6,000m)에서 산다.

우는토끼는 유럽에서도 서식했고, 두 아종이 지중해 섬 사르데냐와 코르시카에서 서식했다. 이들은 고대 동물과에 속했는데, 이 종 대부분은 선사 시대에 멸종한 것으로 보인다. 오늘날 살아 있는 우는토끼는 유럽 토끼만큼이나 크고, 몸무게가 500g 정도 나가는 지중해 토끼보다는 훨씬 더 작다.

이 생명체들은 언제나 담비와 맹금류를 비롯한 주변 포식자들의 자연적인 먹잇감이었다. 또한 사르데냐 원주민 누라기족의 식단 일부를 형성했다. 나중에 이 섬은 페니키아인들과 카르타고인들의 식민지가 되었고, 좀 더 나중인 기원전 3세기에는 로마인들의 침략을 받았다. 로마인들은 가축들을 섬으로 데려왔고, 그들 중 다수는 야생화가 되었다. 결과적으로 이 고립된 섬의 취약한 생물학적 균형이 흔들렸고, 아울러 그 가축들은 토착종들이 면역력을 갖지 못한 질병들도 함께 가져왔다. 사르데냐 북동부 해안의 타볼라라섬에서는 1744년까지 우는토끼가 관찰되었지만, 1800년경 마침내 멸종한 것으로 추정된다.

우리는 사르데냐우는토끼를 사례로 삼아 이 지역에서 이루어진 점진적인 종의 변화를 관찰할 수 있다. 선사 시대 사냥꾼들의 터에서 나온 고고학적 유물들을 통해 인류가 도착하기 전, 다시 말해 약 9,000년 전이 섬에 많은 놀라운 동물 종이 서식했다는 사실이 드러났다. 그중 가장 주목할 만한 것은 키는 1m도 안 되지만 몸무게는 약 300kg이나 나가는 피그미코끼리(팔라이올록소돈 팔코네리Palaeoloxodon falconeri)였는데, 조사 결과에 따르면 이들은 약 3,000년 전에 멸종했다. 키클롭스Cyclops라 불리는 외눈 거인에 대한 고대 전설은 이 피그미코끼리의 두개골, 특히 시칠리아에서 발견된 두개골에서 영감을 얻은 것일 수도 있다. 이들의 두개골은 인간의 것과 비교하면 크기가 두 배였다. 코의 한가운데 있는 커다란 구멍을 큰 눈이라고 생각했는지도 모른다.

마스카렌앵무새

마스카리누스 마스카린 Mascarinus mascarin

서식지 프랑스 레위니옹섬
멸종 시기 1834년

앞서 인도양의 마스카렌 제도에 속한 두 섬, 모리셔스섬과 로드리게스섬에 대한 내용을 살펴보았다. 이 제도에서는 독특한 동물 종들이 생겨나고 멸종했다. 세 번째 섬인 레위니옹섬은 오늘날 프랑스의 해외 영토이며, 굴곡진 역사를 배경으로 다양한 국적의 주민들이 살고 있다. 많은 현지 동물 종 역시 굴곡진 역사를 갖고 있는데, 그들 중 하나가 마스카렌앵무새다.

마스카렌앵무새는 중간 크기의 앵무새종으로 1674년에 처음 기록되었다. 그들은 검은 납막❶이 있는 빨강 부리와 회색 머리, 꼬리 깃털에 있는 흰 부분 같은, 눈에 확연히 띄는 특징들로 구별할 수 있었다. 몸통은 여러 가지 색조를 띠는 갈색이었다. 마스카렌앵무새가 어떻게 살았는지는 거의 알려지지 않았지만, 체격과 발견된 골격으로 미루어볼 때 잘 날지는 못했던 것으로 추측할 수 있다. 그리고 비행 능력의 부족이 그들의 멸종을 촉진했는지도 모른다.

마스카렌앵무새의 멸종에는 몇 가지 요인이 작용했다. 그중 하나는 식민지 개척자들이 저지른 조직적인 삼림 파괴였다. 새로 등장한 인간들은 그 섬의 토착종이 아닌 포식 종들, 특히 쥐와 고양이들도 함께 데리고 들어왔는데, 이들은 땅 위를 돌아다니는 많은 새를 쉬운 먹잇감으로 삼았다. 한 가지 놀라운 가설은 레위니옹섬의 언덕으로 도망치던 노예들이 마스카렌앵무새의 멸종에 한몫했다는 점이다. 노예들은 식량이 될 만한 것은 뭐든지 먹었기 때문이다. 이유가 무엇이든 간에, 레위니옹섬에서 살아 있는 마스카렌앵무새가 마지막으로 목격된 것이 1770년이라는 것은 확실한 사실이다.

결국 마스카렌앵무새는 인간들이 섬으로 들어온 후 마스카렌 제도의 토착종인 여덟 종의 앵무새 가운데 다른 여섯 종의 앵무새와 같은 운명에 처한 것이다.

마스카렌앵무새는 많은 수가 유럽으로 반출되었고, 그곳에도 흔적을 남겼다. 우리는 여러 역사적 그림에 묘사된 것을 볼 수 있고, 몇몇 유럽 박물관에서는 골격 유해도 볼 수 있다. 박제 상태로 남아 있는 마스카렌앵무새 두 마리도 볼 수 있는데, 하나는 파리에 전시되어 있고—파리에 감금된 채 1784년까지 살았다고 한다—다른 하나는 비엔나에—1834년에 죽을 때까지 바이에른 왕 루트비히 1세의 동물원에 있었다고 전해진다—전시되어 있다.

---

❶ 조류 윗부리의 시작 부분을 덮고 있는 부드럽고 불룩한 부분을 말한다.

큰바다쇠오리

핑귀누스 임펜니스 Pinguinus impennis

큰바다쇠오리

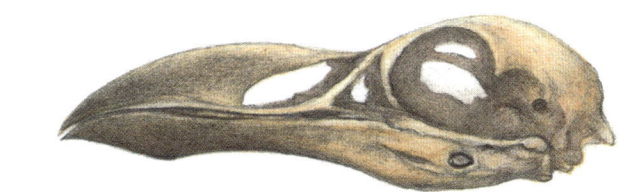
큰바다쇠오리 - 두개골

큰바다쇠오리 - 알

서식지 북대서양 해안지대 및 섬
멸종 시기 1844년

고고학적으로 발견한 내용에 따르면 큰바다쇠오리는 한때 러시아에서 스페인에 이르는 광대한 영토에 서식했다. 스페인의 엘 펜도El Pendo 동굴에서 큰바다쇠오리들을 그린 3만 5,000년 전 벽화들이 발견되었다. 또한 아메리카 원주민들의 무덤에서 큰바다쇠오리 뼈가 발견되었는데, 그들의 문화에서 큰바다쇠오리가 중요한 역할을 했던 것으로 보인다. 네안데르탈인과 아메리카 원주민, 이누이트족, 바이킹족들은 고기와 지방, 깃털, 알을 얻기 위해 이들을 사냥했다. 비록 큰바다쇠오리의 집단 서식지 대부분을 북극곰이 파괴하긴 했지만, 이들의 운명을 결정한 것은 현대 인류였다.

큰바다쇠오리의 키는 약 75cm, 몸무게는 약 5kg이었다. 날개가 작아 하늘을 날 수는 없었지만, 물속에서는 작은 날개의 쓰임새가 좋았다. 무려 1km 깊이까지 잠수할 수 있었고, 15분 이상 숨을 참을 수 있었다. 이들은 크고 홈이 파인 독특한 부리를 가지고 있었고 한쪽 눈 앞에는 흰 반점이 있었는데, 그 반점은 번식기가 지나면 사라졌다.

현대 유럽인들이 큰바다쇠오리를 발견했을 때는 대서양 섬의 바위투성이 해안선에서만 서식했다. 바다에서 오랫동안 머무르는 탐험이 이뤄지는 동안 큰바다쇠오리는 선원들에게 편리한 식량이 되어주었고, 심지어 산 채로 배에 잡혀 있기도 했다. 16세기와 17세기에는 대규모 어선 탐험대가 바다쇠오리의 집단 서식지를 습격해 수십만 개의 알을 탈취했다.

18세기 말경 큰바다쇠오리는 매우 보기 드물어졌고, 그러자 개인 수집가들과 박물관들은 큰바다쇠오리의 알에 깊은 관심을 보이기 시작했다. 큰바다쇠오리의 개체 수가 점점 줄어들면서 사냥은 수익성이 매우 높은 사업이 되었다. 다행히 배와 맹수가 접근할 수 없는 아이슬란드 근처 바위섬 게이르푸글라스케르Geirfuglasker('큰바다쇠오리 바위'라는 뜻이다)에서 수십 쌍이 비교적 안전하게 살았다. 그러나 자연은 그들에게 등을 돌렸다. 1830년 화산 폭발로 섬이 파괴되었고, 큰바다쇠오리들은 근처의 엘디Eldey섬에 다시 정착했다. 그곳은 인간들이 배를 타고 접근할 수 있었고, 그들은 그곳에서 큰바다쇠오리들을 사냥했다. 1844년 6월 3일 바이킹 신화에 나오는 식인 거인과 같은 이름을 가진 세 명의 섬사람은 알을 품고 있는 한 쌍의 큰바다쇠오리를 발견했다. 앞의 두 남자는 그들을 때려죽였고, 세 번째 남자는 그들의 알을 짓밟았다. 그들은 마지막 큰바다쇠오리였다. 이후 큰바다쇠오리를 목격했다는 여러 건의 보고가 있었으나 확인되지 않았다. 큰바다쇠오리의 유해는 적잖이 남아 있다. 전 세계 박물관에서 75개의 알과 24개의 골격, 81개의 박제 가죽을 보존하고 있다. 박제된 큰바다쇠오리들 가운데 하나는 1971년 경매에서 무려 9,000파운드에 팔리기도 했다.

인간들은 자신들의 부끄러운 행위를 인정한다는 듯 조류학자들을 위한 미국의 권위 있는 잡지를 바다쇠오리를 뜻하는 <더 오크The Auk>라고 명명했고, 엘디섬에 새 동상을 세웠다.

갈라파고스땅거북

게오켈로네 니그라 콤플렉스 Geochelone nigra complex

갈라파고스땅거북

갈라파고스땅거북 – 머리

서식지 에콰도르 갈라파고스 제도
멸종 시기 1850년

갈라파고스 제도는 태평양에 있는 숨 막히게 아름다운 섬들이다. 이 군도는 18개의 화산섬으로 이루어져 있는데, 섬들은 다른 세계와 격리되어 매우 독특한 동식물 종의 진화에 기여해왔다. 이 섬에서 가장 잘 알려진 생명체는 일명 '코끼리거북'이라 불리는 거대한 갈라파고스땅거북이다. 사실 이 제도의 이름도 이들의 이름에서 따왔다. 갈라파고는 '거북'을 뜻하는 스페인어다.

1835년 영국의 젊은 박물학자 찰스 다윈과 연구선 비글호의 선원들은 매우 중요하다고 판명된 이 제도를 5주간 방문했다. 각각의 섬에서 다윈은 비슷하지만 서로 다른 동물 종들을 발견했다. 다윈은 이 종들의 조상이 같으며 진화하는 과정에서 종들 사이에 차이점이 발생했다는 사실을 깨달았다. 갈라파고스 제도에 대한 관찰을 바탕으로 다윈은 자연 선택에 기초한 진화론을 공식화했고, 이 이론은 인류에게 매우 중요한 사상이 된다. 다윈은 '되새류'라고 불리는 풍금조 여러 종의 도움으로 제도에 대한 자기만의 생각을 확립했다.

그러나 풍금조와는 대조적으로 오랜 세월을 산 갈라파고스 제도의 코끼리거북 종은 진화의 원리를 매우 느리게 따랐다. 코끼리거북은 다른 어떤 동물보다 오래 산다. 우리에게 알려진 가장 오래 산 개체는 놀랍게도 188세였다. 코끼리거북은 몸길이가 1.2m에 불과하지만 몸무게는 400kg에 이를 정도로 덩치가 큰 동물이다. 수백만 년 전 바다로부터 갈라파고스 제도 일곱 개 섬에 도착한 이들은 별도의 종이 아니라 주로 등딱지의 모양과 크기에서 서로 다른 여러 아종으로 진화했다. 안타깝게도 생물학자들이 15종의 아종이 존재한다는 사실을 확인한 2015년 무렵, 다른 많은 종은 멸종 위기에 처했거나 완전히 멸종했다.

그들의 멸종 이야기는 마스카렌 제도에서 코끼리거북이 멸종한 이야기와 유사하다. 특히 18세기에 그들은 선원과 해적, 포경업자들에게 살아 있는 식량 저장고 역할을 했고, 결과적으로 많은 수가 죽임을 당했다. 염소, 돼지, 개, 쥐 등 경쟁 관계에 있는 새로운 동물 종의 유입은 섬의 독특한 생태 균형을 교란했다. 플로레아나섬에 사는 코끼리거북의 아종은 1850년에 멸종했다. 핀타섬에 살았던 거북 아종의 마지막 개체였던 조지라는 이름의 수컷 거북은 2012년 6월 25일에 죽었다.

몇몇 코끼리거북은 세계적인 명성을 얻었다. 2006년 호주에서 175세의 나이로 죽은 해리엇Harriet이라는 이름의 코끼리거북 암컷은 찰스 다윈이 갈라파고스 제도에서 직접 데려온 것으로 알려졌다. 조나단Jonathan이라는 이름의 또 다른 유명 코끼리거북 수컷은—알다브라 코끼리거북, 즉 알다브라켈리스 기간테아Aldabrachelys gigantea 종의 일원으로 인정된다—1882년부터 남대서양의 세인트헬레나섬에서 환대를 받으며 살았다. 세이셸 제도와 갈라파고스 제도에 살았던 코끼리거북들의 운명은 매우 비슷하다. 세이셸 제도에는 네 종의 아종이 있었던 것으로 알려졌는데, 그중 한 종은 1850년 이후 멸종했다.

오늘날 인류는 갈라파고스 제도의 생태계가 가진 취약성과 예외성을 잘 알고 있다. 1965년 이후 이곳은 찰스 다윈 연구소의 본거지였고, 많은 연구원들이 갈라파고스땅거북의 야생 개체 수를 늘리기 위해 노력 중이다. 그리고 멸종한 아종의 유전자가 살아 있는 개체에서 발견됨에 따라, 그러한 아종의 일부는 인공적으로 선택 사육을 하면 되살아날 가능성이 있다. 그러나 거북의 수명이 아주 길다는 점에서 이것은 먼 미래의 이야기다.

아틀라스불곰

우르수스 아르크토스 크로브테리 Ursus arctos crowtheri

서식지 북아프리카 아틀라스산맥
멸종 시기 1870년

아주 오래전 아프리카 북부에는 큰 숲이 형성되었고, 이 숲에는 곰들이 살았다. 오늘날 도시 거주자들이 주로 동물원과 서커스를 통해 알게 되는 동물이다. 이 곰들의 운명이 정해진 곳은 고대 로마 시대 서커스단 검투사들의 경기장이었다. 점진적인 건조화와 삼림 벌채로 자연환경이 사막화하는 동안 인간들은 곰을 대량으로 학살했고, 그들을 아틀라스산맥의 점점 더 쪼그라드는 영토로 몰아넣었다. 그리하여 아틀라스불곰은 자신의 이름을 얻었다. 1844년 스위스 동물학자 하인리히 루돌프 쉰츠 Heinrich Rudolf Schinz가 과학적 기술을 완성했을 때, 야생에 남아 있는 개체는 그리 많지 않았다.

아틀라스불곰은 아프리카의 유일한 토종 곰이었다. 한때 아프리카 북부의 활엽수림에서 살았지만, 대부분 아틀라스산맥과 리프산맥 기슭에서 서식했던 불곰의 아종일 가능성이 크다. 아틀라스불곰은 아마도 갈색 빛이 도는 검은 털과 짧은 주둥이, 그리고 다른 곰들보다 짧고 강력한 발톱을 가지고 있었을 것이다. 발견된 골격에 따르면 아틀라스불곰의 체격은 유럽 곰과 비슷하다고 볼 수 있다. 몸길이가 2~3m 정도라고 본다면, 몸무게는 200~350kg 정도였을 것이다.

친척뻘인 유럽 곰처럼 아틀라스불곰은 동굴에서 살았고, 주로 작은 포유류와 곤충, 뿌리, 견과류, 나무 열매를 먹고 살았다. 또한 스스로를 잘 방어할 수 있는 공격적인 생명체였던 것으로 보인다. 아틀라스불곰에 대한 최초의 기록은 로마 제국 시대로까지 거슬러 올라가는데, 슬픈 내용이 많다. 많은 수의 아틀라스불곰이 사냥을 당했고, 인간들의 재미를 위한 원형경기장과 서커스단에 팔렸다. 이들이 검투사들과 싸우는 장면을 인간들은 열광적으로 관람했다. 아틀라스불곰은 사형수를 죽이는 데도 사용되었다. 그리고 그들의 개체수는 서서히 줄어들었다.

하지만 모로코 통치자로부터 곰을 선물로 받은 마르세유 동물원에서 유럽인들이 아틀라스불곰을 볼 수 있었다는 보고가 1830년부터 있었다. 마지막으로 기록된 아틀라스불곰 포획은 1870년 모로코 북부 리프산맥에서 이루어졌다. 이것이 오늘날 우리가 '아프리카 곰'이라는 말을 들으면 마치 동화 속 존재인 것처럼 생각하는 이유다.

포클랜드늑대
두시키온 아우스트랄리스 Dusicyon australis

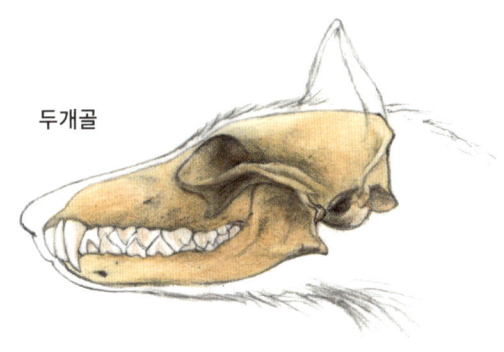
두개골

머리

서식지 영국 포클랜드 제도
멸종 시기 1876년

포클랜드 제도

1831년 찰스 다윈이라 불리는 영국의 젊은 박물학자가 남아메리카 해안 탐험이 목적인 비글호의 항해에 동참하라는 제안을 받아들였을 때, 그 누구도 그의 진화론이 세계를 발칵 뒤집어놓을 거라고는 예상하지 못했다. 다윈이 방문한 외딴 섬들은 그의 특별한 연구 관심사—동물 종의 변화—에 대한 훌륭한 자료를 제공했다 1833년 다윈이 포클랜드섬에서 만난 짐승은 완벽한 수수께끼였다. 그 섬의 유일한 포유류였는데, 순하고 평화로운 생물이었으며 인간을 두려워하지 않았다. 도대체 그것은 거기서 무얼 하고 있었을까? 심지어 다윈이 그 생명체를 묘사하고 카니스 안타르크티쿠스 Canis antarcticus라는 라틴어 이름으로 명명했을 때도, 그것은 멸종 위기에 처한 종이었다. 다윈은 이들의 멸종을 예측했지만, 자신이 살아 있는 동안 멸종하리라고는 예측하지 못했다.

포클랜드늑대는 몸의 형태로 볼 때 개, 늑대, 코요테, 여우 그리고 야생 개의 남아메리카 종과 공통점을 갖고 있었다. 포클랜드늑대는 늑대보다 상당히 작았다. 비록 서포클랜드섬에 있는 표본들의 불그스름한 색깔은 여우의 색깔에 더 가까웠지만, 포클랜드늑대의 색깔은 늑대 색깔과 비슷했다. 그리고 두드러진 점 가운데 하나가 꼬리 끝이 희다는 것이었다. 이들은 펭귄과 다른 바닷새들을 먹이로 삼았으며, 그들의 알과 곤충, 유충도 잡아먹었다. 포클랜드늑대는 1690년 포클랜드 제도에 처음 상륙한 영국인 선장 존 스트롱 John Strong이 처음 목격했다. 스트롱 선장은 그들 중 한 마리를 배에 실었는데, 배에서 대포가 발사되는 소리에 너무 놀란 나머지 펄쩍 뛰어 배 밖으로 나가버렸다.

섬 늑대는 두꺼운 털가죽 때문에 사냥당했는데, 영국 양치기들이 섬에 정착한 1860년 이후부터는 살육이 체계적으로 진행되었다. 명확한 증거는 없지만, 양치기들은 포클랜드늑대가 그들의 가축을 해칠까 봐 두려워했던 것 같다. 그러나 그렇게나 좁고 폐쇄된 땅에서는 도망갈 곳이 없었고, 더욱이 인간들로부터 몸을 숨기려 하지도 않았다. 인간을 두려워하지 않고 고기 한 점의 유혹에도 쉽게 넘어갔기 때문에 살육은 쉬웠다. 농사꾼들은 총을 쐈을 뿐만 아니라 이들에게 쉼터 역할을 해주던 관목 덤불을 불태웠으며, 독이 든 미끼를 내놓기도 했다.

포클랜드늑대가 야생에서 생존할 가능성이 없다는 것이 확실해지자 런던 동물원은 이들을 구하기 위해 노력했다. 하지만 그러한 노력은 허사였다. 구해다 가둬 둔 포클랜드늑대 두 마리가 죽어버렸기 때문이다. 1876년 포클랜드늑대는 멸종했다. 과학자들은 1914년에야 현재의 라틴어 이름을 갖게 된 포클랜드늑대가 갈기늑대와 관련이 있다고 오랫동안 믿었다. 한참 뒤 다윈이 구한 두개골의 DNA 분석을 시행한 다음에야 호주 과학자들은 포클랜드늑대가 또 다른 멸종한 종으로서 남아메리카 개에 속하는 종과 가까운 사이임을 밝혀냈다. 그들은 또한 이 생명체가 어떻게 포클랜드섬에 도달했는지에 대한 답도 찾아냈다. 2만 년 전만 해도 해수면이 지금보다 현저히 낮아 섬들이 불과 20km 폭의 물줄기로 아메리카 대륙 해안과 분리되어 있었다. 작은 포유류와 달리 포클랜드늑대는 아르헨티나에서 얼음이 언 곳을 건널 수 있었을 것이고, 바닷새 사냥을 위해 포클랜드섬까지 헤매고 다녔을 것이다.

아르헨티나와 영국이 포클랜드섬의 소유권을 두고 계속 논쟁하고 있는 것과 마찬가지로, 과학자들이 이 동물의 기원을 두고 계속 논쟁할 소지가 크다. 섬의 진정한 주인에 대해 말하자면, 오늘날 우리는 이들을 박제된 형태와 스케치, 그림으로만 볼 수 있다.

콰가얼룩말

에쿠우스 콰가 콰가 Equus quagga quagga

그랜트얼룩말

라우 콰가얼룩말

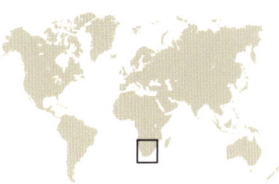

아프리카 남부

서식지 아프리카 남부
멸종 시기 1883년

흰 까마귀는 검은 까마귀들에게 쪼여 죽는다는 말이 있다. 줄무늬가 없는 얼룩말이라면 어떨까? 이국적인 이름을 가진 콰가얼룩말은 인간이 멸종시키지 않더라면 분명 그 점에 대해 할 말이 많았을 것이다. 특히 얼룩말 같지 않은 그들의 털가죽에 대해서라면 말이다.

콰가얼룩말은 한때 남아프리카의 오렌지강 상류 평원에서 무리를 이루며 살았고, 그 수가 아주 많았다. 큰 얼룩말들 가운데 하나로, 콰가얼룩말의 건장한 몸길이는 2.5m에 달했다. 처음 보면 얼룩말과 말의 혼종처럼 보였다. 얼룩말의 전형인 줄무늬가 있긴 했지만 머리, 목, 몸 앞부분에서만 희미하게 보일 뿐이었다. 몇몇 이론은 얼룩말의 줄무늬가 성가신 곤충들, 특히 체체라고 불리는 파리들을 쫓아낸다고 주장한다. 콰가얼룩말이 서식하는 건조한 지역에는 파리가 많지 않았다. 포식자 역시 많지 않았는데 이들 중 몇몇은 줄무늬 때문에 혼란에 빠지기도 했다. 이것이 콰가얼룩말에서 줄무늬가 사라진 이유였는지도 모른다.

하지만 콰가얼룩말에게는 단 하나의 적수, 즉 인간이 있었다. 19세기 초만 해도 콰가얼룩말 무리는 그 수가 꽤 많았다. 하지만 유럽인들뿐만 아니라 보어인이라 불린 남아프리카의 유럽 식민지 개척자들이 이들을 대량으로 학살하기 시작했다. 게다가 새로운 초식동물 종과의 경쟁에서도 불리했다. 또 하나 중요한 점은 이들의 털가죽이 사냥꾼들의 전리품이 되었다는 사실이다.

야생에서 지낸 마지막 콰가얼룩말은 1878년 총에 맞았다. 이후 번식 능력이 없는 노쇠한 콰가얼룩말 개체들이 유럽의 동물원 세 곳에서 살았는데, 마지막 콰가얼룩말은 1883년 8월 12일 암스테르담 동물원에서 죽었다. 오늘날 콰가얼룩말의 모습은 사진 세 장, 털가죽 스무 점, 골격 일곱 개와 두개골 몇 개 외에는 찾아볼 수 없다.

그런 것들이 오늘날 매우 가치 있는 박물관 전시품이라는 사실은 놀랍지 않다. 또한 인류가 콰가얼룩말에게 한 짓을 두고 양심상 가책을 느끼는 것 역시 놀랍지 않다. 실제로 콰가얼룩말은 인류가 되살리려고 한 최초의 생명체들 가운데 하나가 되었다. 생물학자들은 콰가얼룩말이 구별이 가능한 종인지, 아니면 그랜트얼룩말의 아종인지를 두고 의견 일치를 보지 못하고 있다. 콰가얼룩말이 새로운 존재의 장을 시작할 수 있을지는 확실치 않지만, 이들의 부활에는 미심쩍은 면이 있다. 1969년 독일의 박제사 라인홀트 라우Reinhold Rau는 케이프타운의 한 박물관에서 서투르게 무두질한 어린 콰가얼룩말의 털가죽을 발견했다. 그는 분석을 위해 살과 피하조직 잔해를 연구실로 보냈다. 콰가얼룩말의 DNA를 연구한 결과는 1984년에 발표되었는데—콰가얼룩말은 그런 과정을 거친 최초의 멸종 동물이었다—그들이 그랜트얼룩말의 아종임이 밝혀졌다. 콰가얼룩말의 줄무늬가 없어진 것은 인간의 홍채 색깔을 변화시키는 것과 같은 유전적 돌연변이가 원인인 것으로 밝혀졌다. 라인홀트 라우는 '선택적 번식'을 통해 원래 아종의 품종을 만들어낼 수 있을 것이라고 결론지었다. 그의 팀은 1987년 이와 관련한 조직적인 작업을 시작했다. 처음에는 이들의 시도를 조롱하던 과학자들도 나중에는 지지했다. 5세대 콰가얼룩말은 모든 면에서 원래 콰가얼룩말을 닮았다. 2016년 과학자들은 30년간의 연구 끝에 10여 곳의 야생에 소규모 얼룩말 무리를 풀어주었다.

그렇다면 이 얼룩말이 진정한 콰가얼룩말일까, 아니면 그저 그렇게 보이는 것뿐일까? 예전의 실수를 되풀이하지 않기 위해서 이 새로운 얼룩말의 공식 이름을 라우 콰가얼룩말로 정했지만, 이들이 야생에서 성공적으로 삶을 이끌어갈지는 두고 볼 일이다.

타팬말

에쿠우스 페루스 Equus ferus

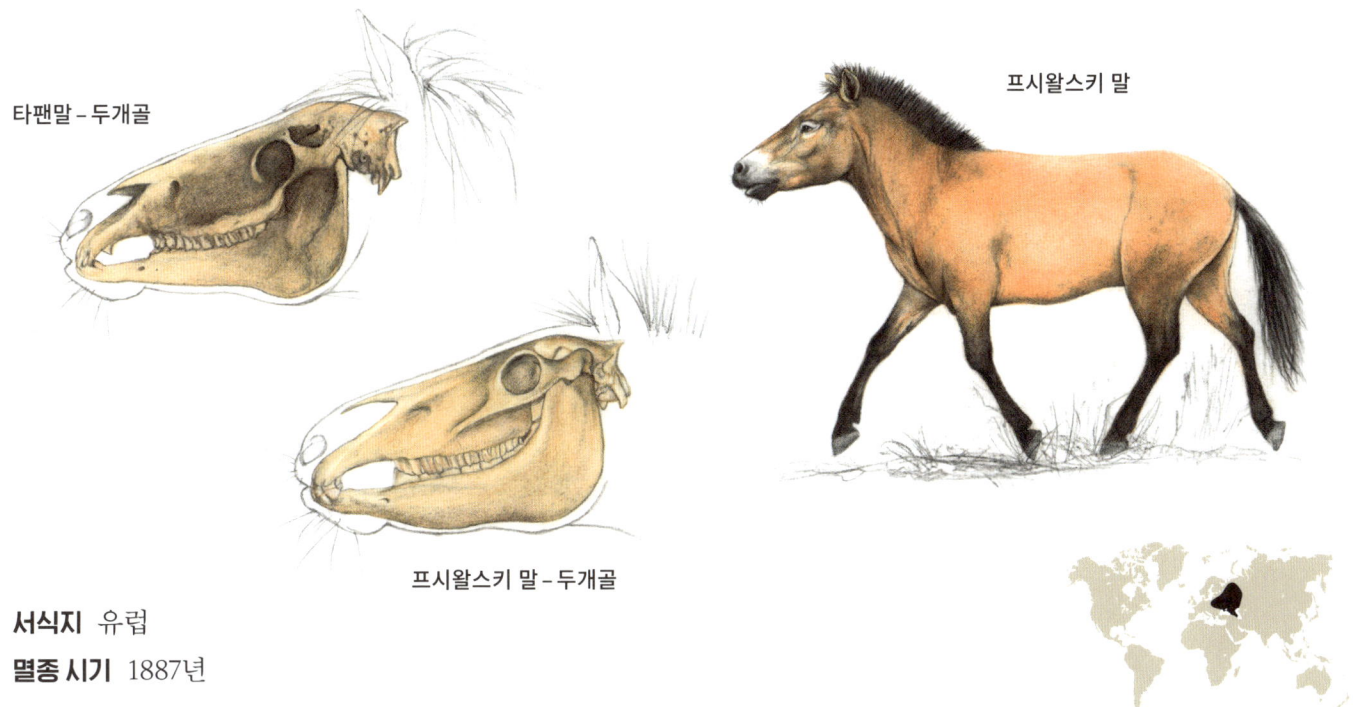

타팬말 – 두개골
프시왈스키 말
프시왈스키 말 – 두개골

서식지 유럽
멸종 시기 1887년

야생마는 한때 아메리카 대초원뿐만 아니라 유럽의 평야와 숲을 돌아다녔다. 실제로 동굴 벽에서 야생마 그림이 발견되기도 했다. 다뉴브강 왼쪽 강둑에서 야생마가 출현했다는 최초 기록을 남긴 사람은 서기 1세기의 로마 작가 플리니우스Plinius였다. 7세기 후 교황의 특사 보니페이스Boniface가 게르만족을 기독교로 개종시킬 목적으로 방문했다. 보니페이스는 믿을 수 없을 만큼 야만적인 방식으로 아주 많은 말이 죽임을 당하고 잡아먹히고 있다고 교황 그레고리오 3세에게 보고했다. 그러나 불행하게도 그런 보고가 인간으로 인한 야생마 개체 수 감소를 막지는 못했다.

우리는 타팬말이 어떻게 살았는지에 대해 아는 것이 거의 없지만, 프시왈스키의 말, 다시 말해 친척뻘로서 몽고의 스텝 지대에 사는 아시아 야생마의 생활 방식과 유사하지 않을까 가정해볼 수 있다. 타팬말의 키는 130cm 정도였고 짧은 갈기와 꼬리는 검은색이었다. '타팬'이라는 이름은 타타르족이 '야생마'를 부를 때 사용한 단어에서 유래했다. 17세기까지는 전문 문헌에서 타팬말을 종 전체를 지칭하는 단어로 사용하지 않았다.

타팬말이 회색이었다는 신화는 오래전부터 있었다. 그러나 현대 연구는 유럽 야생마가 갈색이었음을 증명했다. 유럽 야생마는 스텝 타팬말과 숲 타팬말 두 가지 하위 유형으로 진화했다. 이 야생마들은 매우 소심하고 발이 빨라 사냥이 힘들었다. 그러나 인간들은 사냥에 성공했다. 길든 가축 말들이 동족상잔의 비극을 도왔다.

중세 시대에 들어오면서 타팬말의 개체 수는 크게 줄었고, 마지막 무리는 리투아니아와 러시아 북동부로 물러났다. 타팬말 사냥은 고기를 얻기 위해서가 아니었다. 농사 수확물을 노리고, 집에서 기르는 말들을 찾아내서 어울리는 위험한 존재로 인식되었기 때문이다. 한 무리의 유럽 스텝 타팬말은 1806년까지 비아워비에자 Białowieża 숲의 자모시치Zamość 보호구역에서 살았다. 하지만 높은 관리 비용 때문에 그곳 왕자는 타팬말들을 붙잡아 지역 농부들에게 나눠줄 수밖에 없었다.

러시아의 자연 풍경은 19세기 후반 급격한 변화를 겪었다. 스텝 타팬말이 사는 지역은 농경지로 바뀌어 야생마들이 인간과 더욱 가까운 곳에 머물렀고, 인간들은 그들을 죽이는 데 자비를 보이지 않았다. 그래서 우리는 마지막 야생 타팬말 암컷이 추격 중 입은 부상으로 1879년에 죽었다는 사실을 끔찍하지만 확실하게 안다. 이종 교배되어 야생에서 살고 있었던 최후의 타팬말은 1887년 모스크바 동물원에서 죽었다.

DNA 분석이 등장한 이후에야 과학자들은 오랫동안 추측한 내용을 확인할 수 있었다. 즉, 19세기까지 살아남은 타팬말은 원래 자생종이 아니라 야생마와 가축 말 사이의 교배종이라는 사실이다. 그래도 타팬말의 전설이나 신화는 그대로 남아 있다. 놀랍게도 우리는 유럽에서 야생마를 다시 만날 수 있게 되었다. 예를 들어 체코의 밀로비체에서는 야생마와 황소가 풀을 뜯고 있다. 유럽의 원래 자연 풍경을 보존하기 위한 한 방법이다.

스티븐스섬굴뚝새

트라베르시아 리알리 Traversia lyalli

위기 종 – 뉴질랜드바위굴뚝새

덤불굴뚝새

스티븐스섬굴뚝새

서식지 뉴질랜드 스티븐스섬
멸종 시기 1895년

스티븐스섬

멸종에 대한 이야기를 자세히 알고 있다 해도, 동물 종이 얼마나 쉽게 멸종할 수 있는지를 살펴보는 일은 무섭다. 우리는 한 작은 섬의 특정한 작은 새에 대한 과학적 설명을 처음으로 제공하기 위해 경쟁한 두 유명한 조류학자의 이름을 알고 있다. 공교롭게도 두 사람 모두 이름이 월터였다. 우리는 또한 그 새를 멸종시킨 존재의 이름도 알고 있다. 티블스Tibbles였다. 티블스는 등대 관리인 소유의 고양이였다. 스티븐스섬은 면적이 2.6km²에 불과한, 부분적으로 바위투성이이고 또 부분적으로는 숲이 우거진 땅이다. 뉴질랜드의 북섬과 남섬 사이 쿡 해협에 있다. 1894년 초 그곳에 등대가 설치되었고, 아마추어 박물학자인 데이비드 라이얼David Lyall이 그곳 관리인으로 임명되었다. 그해 2월, 라이얼은 동행 삼아 그의 고양이를 밖으로 데리고 다녔다. 그는 고양이가 임신했다는 사실을 전혀 몰랐고, 그것이 어떤 결과를 가져올지도 전혀 알지 못했다.

티블스는 섬 이곳저곳을 돌아다녔고, 6월에 유럽에서 발견된 굴뚝새들처럼 생긴 새들을 죽여 주인에게 가져왔다. 라이얼은 야생에서 이 새들을 관찰했다. 그는 바위틈에서 뛰어다니는 이 새들의 모습이 쥐를 닮았다는 사실에 충격을 받았다. 천적이 없는 이 섬에서 이들은 아마도 나는 능력을 잃었을 것이다. 이 새들이 특이하다는 것을 깨달은 라이얼은 처음에는 뉴질랜드 조류학자 월터 벌러 Walter Buller에게 이야기했고, 그다음에는 새 수집가 헨리 트래버스Henry Travers에게 이야기했다. 사업 기회를 감지한 트래버스는 박제한 새 아홉 마리를 영국의 부유한 동물학자 월터 로스차일드Walter Rothschild에게 비싼 가격에 팔았다.

로스차일드는 이 새의 라틴어 이름을 새의 발견에 기여한 두 사람의 이름에서 따왔는데, 그가 과학적으로 묘사한 내용은 1894년 12월 19일 영국 조류학자협회에서 공개 낭독되었다. 비슷한 시기, 잡지 <더 아이비스The Ibis>에 실릴 예정이었던 벌러의 과학 기사는 이 새를 크세니쿠스 인슐라리스Xenicus insularis라고 명명하자고 제안했는데, 그 원고는 완성된 상태에서 삽화를 기다리는 중이었다. 결국 학자들 간 경쟁에서 로스차일드가 승리했고, 벌러는 씁쓸한 기분을 느껴야 했다.

또 다른 승자는 티블스였다. 티블스는 야생화되어 고양이 왕조를 건설하기 시작했다. 그녀와 그녀의 후손들은 1895년 겨울 스티븐스섬굴뚝새의 씨를 말리는 데 성공한 것으로 보인다. 당연히 가장 큰 패배자는 스티븐스섬굴뚝새였다. 두 개의 라틴어 이름을 가지게 되었다는 사실은 아무 소용없었다. 1897년부터 등대 관리인이 야생 고양이들을 총으로 쏘아 죽이기는 했지만, 그것 역시 전혀 도움이 되지 않았다. 고양이들은 1925년이 되어서야 섬에서 자취를 감추었다.

긴꼬리껑충쥐

노토미스 롱기카우다투스 Notomys longicaudatus

긴꼬리껑충쥐

딩고

서식지 호주 남중부 지역
멸종 시기 1902년

우리는 호주를 유대목 동물들의 땅이라 생각하지만, 그곳에는 몇몇 태반을 가진 토착 포유동물들도 살고 있다. 바다표범은 바다를 건너 호주 해안가에 정착했고, 박쥐는 하늘길을 이용했다. 우리가 아는 다른 초기 포유동물들 가운데 쥐과 동물들은 500만 년 전 아시아에서 호주로 넘어와 서식한 호주 토착종이다. 이 설치류들은 호주의 스텝 지대에 살면서 특이한 형태의 몸을 가지게 되었다. 캥거루 흉내라도 내듯 긴 뒷다리가 있고, 껑충껑충 뛰면서 돌아다녔다. 이것은 이 생명체들이 왜 껑충쥐로 알려지게 되었는지를 설명해준다.

호주에서 껑충쥐는 열 가지 종으로 진화했다. 몇몇 포식성 유대목 동물들을 제외하면 그들에겐 천적이 없었다. 놀랍게도 그들은 맨 처음 호주 대륙에 도착한 인간들과 함께 들어온, 개의 일종인 딩고⑫의 위협을 받지 않았다. 딩고는 대부분 중간 크기의 유대목 동물들을 사냥했는데, 먹잇감으로 껑충쥐는 너무 작았기 때문이다. 결국 긴꼬리껑충쥐는 호주 대륙에서 포식성 포유동물로 살아갈 수 있었다. 그러나 유럽인들이 처음 도착한 후 상황은 곧 급격히 바뀌었다. 이들의 영향으로 껑충쥐의 절반(다섯 종)이 멸종했다.

호주의 토종 설치류들 가운데 가장 크고 근사한 설치류 중 하나인 긴꼬리껑충쥐의 이야기는 전형적이다. 20세기 초 그들은 여전히 호주 대륙의 중부와 서부에 서식하고 있었다. 이 종은 영국의 조류학자 존 굴드John Gould가 동물학자 존 길버트John Gilbert로부터 받은, 살아 있는 표본 다섯 개를 연구한 후 처음으로 기술되었다. 긴꼬리껑충쥐는 회갈색이었고, 작은 귀와 큰 눈, 힘찬 뒷다리, 몸통보다 길고 털로 덮인 꼬리를 가지고 있었다. 꼬리까지 포함하면 이 쥐의 길이는 약 25cm였다. 긴꼬리껑충쥐는 건조하고 단단한 땅에 살았다. 그곳에서 그들이 굴을 만들 때 파낸 흙은 아침 이슬이 맺히도록 하는 용도로 사용되었다. 그들은 주로 과일과 곡물을 먹었다. 굴드에 따르면, 건포도도 좋아했다고 한다.

껑충쥐는 농작물에 피해를 준 적이 없어 인간 정착민들은 쥐를 멸종시킬 이유가 없었다. 그러나 토끼와 소가 많아지면서 그들과 식량원을 공유해야 하는 상황에 놓였고, 그로 인해 그들은 인간 거주지 근처에서 먹이를 찾아야 했다. 그러나 멸종의 주된 원인은 포식자들, 특히 고양이의 유입이었다. 긴꼬리껑충쥐는 1902년 배로우 크릭 마을 근처에서 마지막으로 목격되었다. 하지만 1977년 한 부엉이가 뱉어낸 이물질 덩어리에서 그들의 뼈 일부가 발견된 적이 있다.

야생 고양이는 껑충쥐들 가운데 살아남은 종에게 여전히 위협이다. 그러나 과학자들은 흥미로운 현상을 발견했다. 고양이를 사냥하는 딩고가 고양이로부터 껑충쥐를 보호한다는 점이다. 호주에 서식하는 토착 설치류들은 거의 토착종이라고 할 수 있는 한 포식자의 보호를 받으며 살기 때문에 새로 이주해오는 불청객들에겐 기회가 없다.

---

⑫ 호주산 들개

로키산메뚜기
멜라노플루스 스프레투스 Melanoplus spretus

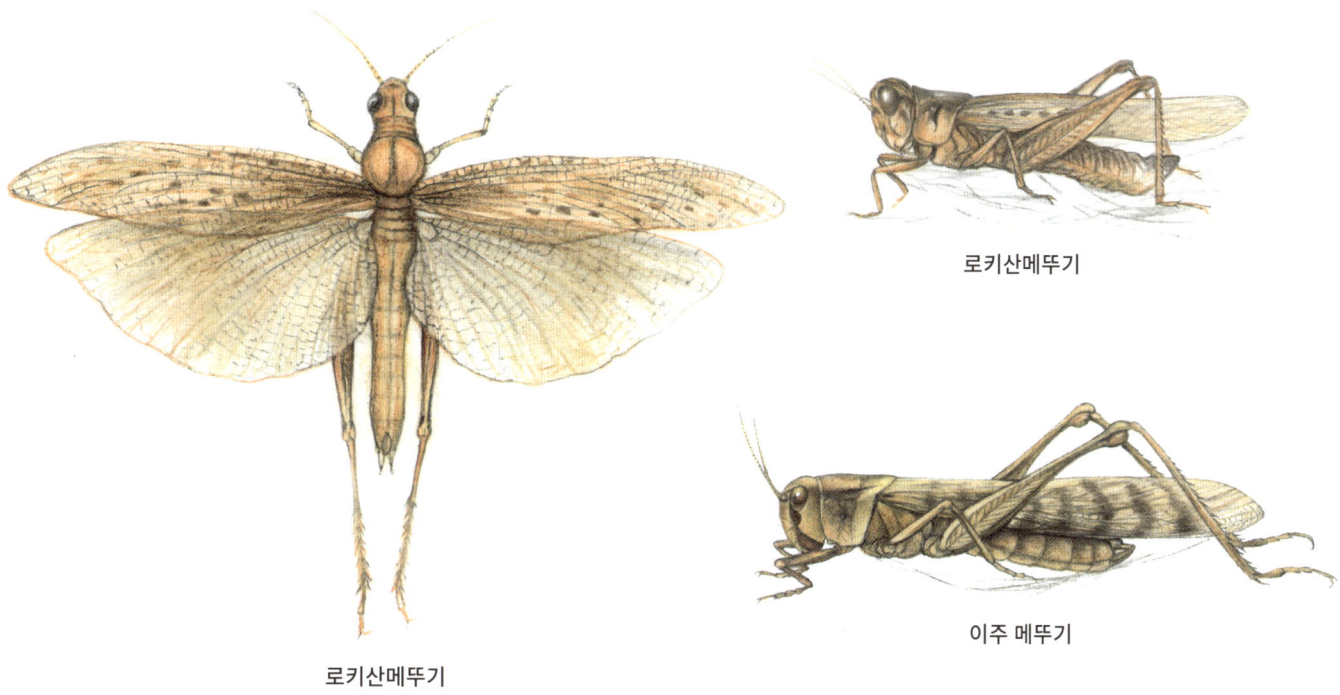

로키산메뚜기

로키산메뚜기

이주 메뚜기

서식지 북아메리카
멸종 시기 1902년

곤충 세계의 대표적인 몇몇 종 역시 인간의 활동으로 인해 멸종했다. 그중 가장 주목할 만한 종은 메뚜기 아목⑬에 속하는 곤충으로, 학명은 멜라노플루스 스프레투스Melanoplus spretus이다. 일반적으로 로키산메뚜기로 알려져 있는 이 종은 예전에는 모든 동물 종 중에서 가장 개체 수가 많았는데, 20세기 초 자연계에서 사라졌다.

로키산메뚜기들은 로키산맥 양쪽의 광활하고 건조한 대초원에 서식했고 이후 캐나다까지 진출했지만, 1866년에야 곤충학자 벤자민 댄 월시Benjamin Dann Walsh에 의해 과학적으로 기술되었다. 다른 많은 메뚜기 아목 곤충들처럼 이 종은 몸길이가 20~35mm 정도였고 초식성이었다. 암컷은 여름이 끝날 무렵 땅 바로 아래에다 수백 개의 알을 낳았다.

로키산메뚜기들은 상당히 먼 거리를 크고 장엄한 규모의 떼를 이루면서 이동하는 식으로 살았다. 따라서 미국 농부들이 그들을 재앙으로 받아들였다는 사실은 놀라운 일이 아니다. 1875년 '알버트의 떼'로 알려진 한 무리가 기네스북에 기록되었는데 길이는 2,900km, 폭은 177km로 추정되었다. 이것은 캘리포니아보다 그 면적이 훨씬 넓었음을 의미한다. 그 떼에 속한 메뚜기 개체의 수는 3조 마리로 추정되었다. 이처럼 단일 동물 종이 그와 같은 규모의 떼를 이루고 있는 모습은 그 이전에도 이후에도 목격된 바가 없다.

그러나 얼마 지나지 않아 이 종은 예상치 못하게 자연계에서 사라졌다. 생물학자들은 멸종 원인을 명확히 밝혀내지 못했다. 하지만 일반적으로 농업상의 쟁기질 방법과 관개 기술의 변화로 인해 로키산메뚜기의 자연적인 생애 주기가 파괴되었을 것이라 믿고 있다. 농부들 역시 메뚜기 알을 대량으로 파괴했다. 메뚜기들은 떼를 지을 때 비교적 협소한 지역에 살았기 때문에 메뚜기 떼를 없애는 일이 그리 어렵지 않았을 것으로 추정된다. 로키산메뚜기는 1902년 캐나다 남부에서 마지막으로 관찰되었다.

그렇게 수가 많은 종이 멸종될 줄은 아무도 상상하지 못했기 때문에 그들은 보호나 채집의 대상도 되지 못했다. 몬태나주의 그라스호퍼 글레이셔Grasshopper Glacier 빙하에서 몇몇 표본이 발견되긴 했지만, 약 300개의 표본만이 수집품 형태로 보존되었다. 이종 교배를 통해 이 메뚜기를 자연 세계로 돌려보내려는 시도가 있었지만 성공하지 못했다. 로키산메뚜기는 2014년 공식적으로 멸종이 선언되었다.

---

⑬ 생물 분류학상 목의 아래이고 과의 위 카테고리를 말한다.

불독쥐
라투스 나티비타티스 Rattus nativitatis

크리스마스섬쥐

불독쥐

곰쥐

서식지 호주 크리스마스섬
멸종 시기 1904년

태평양 남동부의 이스터섬처럼 인도양의 크리스마스섬도 매우 외딴 곳에 있다. 1643년 12월 25일 그 부근을 항해한 선장 윌리엄 마이너스William Mynors가 크리스마스섬이라 이름 붙였으며, 유럽인들이 들어오기 전까지 사람이 살지 않았기 때문에 자연계는 고립된 환경을 유지했다. 그 덕분에 다른 곳에서는 찾아보기 힘든 많은 토착 동물 종이 크리스마스섬에서 발달했다. 지금 우리가 보고 있는 것은 쥐다. 이 책의 여러 곳에서 다른 많은 종의 멸종에 원인을 제공했다고 언급한 바로 그 쥐다. 어떻게 이런 일이 가능한 것일까?

불독쥐는 크리스마스섬에 살았던 로스Ross 가족이 이름을 지어주었고, 1889년 영국의 동물학자 올드필드 토마스Oldfield Thomas에 의해 공식적으로 기술되었다. 이 쥐들은 섬의 높은 땅이나 원시 야자나무 뿌리 사이의 굴 내부, 속이 빈 나무 몸통 밑에서 소규모 집단을 이루며 살았다. 이들은 숲의 야생 열매와 어린 식물의 새싹을 먹었고, 나무껍질을 갉아먹었다. 쥐라는 기준으로 볼 때 이들의 짧고 털이 없는 꼬리는 꽤 길었고, 몸길이가 20~27cm로 몸집이 매우 컸다. 이들은 길고 두꺼운 암갈색 털가죽을 갖고 있었다. 또한 작고 가느다란 두개골과 땅을 파는 데 완벽하게 적응된 강력한 발톱이 이들만의 특징이었다.

크리스마스섬에는 독특하고 큰 쥐 두 종이 살았다. 나머지 한 종은 크리스마스섬쥐(라투스 마클레아리Rattus macleari)로, 친척뻘인 불독쥐와는 달리 나무에 오를 수 있었다. 하지만 그런 능력이 멸종을 막아주지는 못했다. 불과 4년 만에 두 종의 쥐 모두 지역 개체군을 멸종시킨 전염병에 굴복한 것이다.

1899년 힌두스탄Hindustan이라는 이름의 증기선이 섬에 도착했다. 승객 중에는 곰쥐(라투스 라투스Rattus rattus)가 있었다. 곰쥐는 자신들은 면역력을 가지고 있던 원생동물❹ 기생충인 트리파노소마 류이시Trypanosoma lewisi를 토착 쥐에게 전파했다. 기생충으로 인해 시작된 질병은 벼룩을 통해 옮겨졌다. 크리스마스섬의 토착 쥐들 사이에서 전염병이 발생했고, 얼마 지나지 않아 두 종 모두 멸종했다.

이 섬에서 마지막으로 확인된 불독쥐 관련 기록은 영국의 박물학자 찰스 윌리엄 앤드루스Charles William Andrews가 섬을 방문한 1898년으로 거슬러 올라간다. 그는 아홉 개체를 포획하는 데 성공했다. 그러나 1904년에 방문한 독일의 박물학자 리하르트 하니치Richard Hanitsch는 불독쥐를 단 한 마리도 찾을 수 없었다.

2008년 DNA 분석에 따르면 불독쥐는 슬픈 선례를 남겼는데, 이들이 질병의 확산으로 멸종된 최초의 종임이 과학적으로 입증된 것이다.

---

❹ 원생동물은 하나의 세포로 구성된 원시적인 동물을 말한다.

일본늑대
카니스 루푸스 호도필락스 Canis lupus hodophilax

서식지 일본 혼슈, 규슈 및 시코쿠
멸종 시기 1905년

일본의 섬사람들은 늑대를 산의 수호신으로 숭배할 정도로 강력한 존재로 여겼고, 그 덕에 늑대는 많은 전설의 주인공 자리를 차지했다.

일본에서는 두 아종의 회색늑대가 살았다. 혼슈와 규슈, 시코쿠에 서식한 일본늑대와 홋카이도의 홋카이도늑대(에조늑대 Canis lupus hattai, 1899년 이후 멸종)다. 몸길이는 1m도 되지 않고 어깨 부분까지의 높이가 30cm밖에 안 되는 일본늑대는 가장 작은 크기의 늑대 아종이었다. 이들은 거친 회색 털가죽과 짧은 다리를 가지고 있었다. 여러 면에서 늑대보다는 개나 코요테, 자칼과 더 닮아 있었다. 주로 토끼와 설치류를 먹고 살았기 때문에 농부들은 이들을 위협으로 여기지 않았다. 이들은 자신보다 더 큰 먹잇감들, 예를 들면 사슴이나 멧돼지를 사냥하는 모험을 했기 때문에 농부들에게는 오히려 도움을 주는 존재였을 수도 있다.

일본 문화에서 일본늑대는 계속해서 특별한 위치를 차지했다. 산의 수호자일 뿐만 아니라 길을 잃은 순례자들을 위한 호위무사로 여겼다. 실제로 많은 마을에서 늑대 사당을 발견할 수 있다. 일부 마을 사람들은 늑대의 두개골이 자신들을 보호하고 있다고 믿었고, 늑대의 두개골에는 치유 능력이 있다고 여겼다. 그리고 아이를 낳을 예정인 여성이 늑대를 위해 밥 한 그릇을 밖에다 내놓는 것을 일컫는, '이누 노 우부미마이 inu no ubumimai'라는 잘 알려진 전통이 있다. 1899년 울부짖는 늑대가 타마키 Tamaki 산 인근 마을 사람들을 홍수로부터 구했다는 이야기가 전해진다.

옛날 일본인들은 늑대를 죽이지 않았다. 늑대를 죽이면 정령 세계가 자신들에게 벌을 내린다고 믿었기 때문이다. 이것이 일본늑대가 삼림 벌채와 농업의 성장이라는 압박에도 불구하고 한때는 상대적으로 개체 수가 많았던 이유다. 번영을 누리던 일본늑대의 멸종은 의외의 순간 다가왔다. 1732년 혼슈에서 시작된 광견병이 압도적인 전염병이 되어 빠르게 동쪽으로 퍼진 것이다. 광견병에 걸린 일본늑대는 공격적인 성향이 강해졌고, 결국 위협을 느낀 농민들은 자신의 몸을 지키기 위해 총을 들었다. 마지막 일본늑대는 1905년 혼슈에서 총에 맞았다.

오늘날 일본늑대의 모습은 일본과 네덜란드, 영국의 박물관에서 볼 수 있는 털가죽 여덟 점을 제외하면 찾아볼 수 없다. 그러나 이 늑대는 여전히 지역의 전설, 일본인들의 놀라운 문화와 생각 속에 살아 있다.

후이아

헤테랄로카 아쿠티로스트리스 Heteralocha acutirostris

후이아 깃털 - 장식품
후이아 수컷
후이아 암컷

서식지 뉴질랜드 북섬
멸종 시기 1907년

뉴질랜드 북섬은 20세기까지 후이아라 불린 놀라운 새의 서식처였다. 후이아는 수컷과 암컷의 생김새가 너무나 다르며, 큰까마귀와 비슷한 크기로, 길이는 50cm가 조금 안 되고 짙은 색을 띠었다. 한눈에 들어오는 오렌지빛 볼 육수[15]를 가지고 있었으며, 삼림 지대에서 살며 주로 곤충과 과일을 먹었다.

후이아의 성적 이형성[16]은 특히 부리에서 두드러졌다. 후이아는 암수가 짝을 지어 협동했다. 짧고 강한 부리를 가진 수컷은 나무껍질과 나무를 부수었고, 수컷보다 몸집이 좀 더 큰 암컷은 가느다랗고 구부러진 긴 부리를 이용해 구멍을 파고 먹잇감인 벌레를 잡았다. 그러고 나서 암컷은 열심히 일한 수컷과 벌레를 나누어 먹었다. 원주민인 마오리족은 사냥을 나갔을 때 이들을 유인하기 위해 부르는 소리에서 착안해 이 새를 '후이아'라고 불렀다. 마오리족에게 후이아는 신성한 존재였다. 계급이 가장 높은 사람들만이 후이아 깃털을 장식품으로 사용할 수 있었다. 마오리족은 후이아를 우리 안에 가둬두기도 하고, 심지어 몇 마디 말을 가르치는 데 성공하기도 했다고 한다. 마오리족의 전설에 따르면 후이아는 평생 짝을 지어 살았고, 한쪽이 죽은 후에는 다른 한쪽도 곧 죽었다고 한다. 현대 과학은 이러한 주장을 검증하거나 반박할 시간을 갖지 못했다. 후이아가 얼마 지나지 않아 야생에서 사라졌기 때문이다.

사라졌다? 아니 멸종당했다고 말하는 것이 더 정확할 것이다. 그들의 화려한 꼬리 깃털은 마오리족에게는 매력적인 물건이었다. 나중에 유럽인들이 그랬듯이 마오리족은 자신들을 치장하는 데 후이아 깃털을 사용했다. 훗날 영국의 조지 5세가 될 요크 공작이 1901년 뉴질랜드를 방문했다. 한 마오리족 가이드는 존경의 표시로 공작의 모자에 후이아 꼬리 깃털을 꽂아주었다. 그 이후 후이아 깃털을 꽂는 것이 서양에서 유행의 첨단이 되었다. 아름답기도 하거니와 점점 더 희귀해지면서 후이아는 유럽의 여러 박물관에서 빠른 속도로 소장 가치 높은 전시물이 되었다. 인류 문명이 침범하면서 이 멋진 새의 존재에도 마지막 결말이 드리웠다. 북섬의 많은 곳에서 삼림이 벌채되고 비토착 종들이 유입되었다. 공식적으로 최후에 목격된 후이아는 세 마리였고, 1907년 12월 28일 타라루아산맥에서 목격되었다. 그 이후에 기록된 목격담들은 확인되지 않았다.

후이아가 남긴 것은 무엇일까? 이들은 마오리족 전설 속에서 살고 있고, 박물관에는 여러 개의 박제 후이아가 있다. 2010년 오클랜드 경매에서 후이아 꼬리 깃털 하나가 800뉴질랜드달러에 낙찰돼 역사상 가장 비싼 새털이 됐다. 뜻밖이지만, 우리는 우주에서도 후이아를 만날 수 있다. 이 새를 기리기 위해 소행성 9488의 이름을 후이아로 명명했기 때문이다.

---

[15] 칠면조나 닭 따위의 목 부분에 늘어져 있는 붉은 피부를 말한다.
[16] 같은 종이면서 암수의 형태가 서로 다른 생물에서, 암수 개체의 외부 형태가 완전히 구분되어 나타나는 성질을 의미한다.

여행비둘기

엑토피스테스 미그라토리우스 Ectopistes migratorius

여행비둘기

전서구

여행비둘기 - 머리

서식지 북아메리카
멸종 시기 1914년

여행비둘기는 북아메리카의 낙엽수림 속에서 무리 지어 살았다. 1873년 4월 8일 미시간에서 한 떼의 비둘기들이 비행하는 모습이 8시간 이상 중단 없이 계속 관찰되었다. 1866년에는 폭 1.5km, 길이 500km에 달하는 한 무리의 비둘기 떼가 목격되었다는 기록도 있다. 여행비둘기가 너무나도 많았기에, 언젠가는 이들이 멸종할지도 모른다는 생각은 그 누구도 하지 않았다. 그러나 엄청나게 많은 숫자 때문에 오히려 이들은 손쉬운 식량원이 되었고, 살아 움직이는 목표물로 이들을 죽이는 일은 악취미적 오락거리가 되었다. 그래서 우리가 익히 알고 있는 불행한 결말이 일어났고, 그런 일이 벌어지는 데는 100년도 채 걸리지 않았다.

여행비둘기는 알을 하나만 낳아 암수가 함께 보살폈다. 인간들이 모습을 드러내기 전까지는 천적이 거의 없었다. 아메리카 원주민들이 여행비둘기를 식용으로 사냥하긴 했지만, 사실 이것은 여행비둘기의 개체 수에 거의 영향을 미치지 않았다. 그러나 19세기 초 이들은 증가하는 백인들이 지닌 현대 무기의 표적이 되었다. 산탄총 한 발이면 비둘기 수십 마리를 죽일 수 있었다. 비둘기 사체는 철도에 실려 동해안 도시로 옮겨져 터무니없이 낮은 가격에 팔렸다. 비둘기 사냥은 스포츠맨들에게 오락의 한 형태가 되었다.

과도한 사냥과 무분별한 삼림 벌채는 여행비둘기의 서식지를 파괴하는 끔찍한 결과를 초래했다. 19세기 중반 이후부터 여행비둘기들은 둥지를 짓기 위해 고군분투했지만, 이들의 개체 수는 급격히 감소했다. 1896년 25만 마리에 달하는 대규모 여행비둘기 떼가 마지막으로 오하이오주 볼링그린시 근처에 둥지를 틀었다. 사냥꾼들은 금세 이 사실을 알았고, 또 다른, 하지만 마지막이 될 학살이 시작되어 일주일 만에 전멸되다시피 했다. 사체는 기차에 실렸는데, 과적 때문인지 열차가 탈선했다. 20만 마리의 원치 않는 비둘기 사체가 선로 옆 도랑으로 쏟아졌다. 5,000마리 정도만이 학살에서 살아남았는데 거대한 무리가 제공하는 안전망 없이는 그 새들도 더는 번식할 수 없었다. 그럼에도 사냥꾼들은 포기하지 않았다. 우리는 맨 마지막 야생 여행비둘기의 최후에 대해 알고 있다. 그 새는 1900년 3월 24일 하늘에서 추락했다. 한 농부의 아들이었던 열네 살짜리 프레스 클레이 사우스워스 Press Clay Southworth가 쏜 공기총에 희생된 것이다.

그 당시 신시내티 동물원에는 포획된 마지막 여행비둘기 몇 쌍이 새장에서 살고 있었다. 이 종의 생존에 대한 희망은 점점 희미해졌다. 마지막 수컷 두 마리는 1910년과 1912년에 죽었고, 마사 Martha 라고 불렸던 마지막 암컷은 1914년 9월 1일에 죽었다.

이들의 멸종 속도가 충격적일 정도로 빨라 미국에서 자연 보호에 관한 관심이 급물살을 탈 정도였다. 일부 과학자들은 여행비둘기의 멸종에 대한 책임이 인간에게만 있는 것은 아니라고 믿는다. 미국과 대만 과학자 팀은 DNA 분석을 통해 훨씬 일찍 이 새의 개체 수가 큰 변동을 겪었다는 것을 밝혀냈다. 그 이유로는 먹이를 도토리 열매에 주로 의존했기 때문으로 추정하고 있다.

오늘날 리바이브 앤 리스토어 Revive & Restore라는 이름의 열성적인 과학자 팀은 유전학적 방법을 사용해 멸종 위기에 처했거나 멸종된 특정 동물 종을 구하거나 되살려서, 야생에 풀어주려고 노력 중이다. 하지만 여행비둘기가 정말로 다시 돌아오고 싶어 할까?

캐롤라이나잉꼬
코누롭시스 카롤리넨시스 Conuropsis carolinensis

머리

두개골

캐롤라이나잉꼬 – 패션 장식품

캐롤라이나잉꼬

서식지 북아메리카
멸종 시기 1918년

사람들은 앵무새에 매료된다. 다양한 이유가 있겠지만, 밝은 색깔의 깃털과 부리의 모양, 지능, 인간의 말을 재현하는 능력 때문에도 그렇다. 하지만 인간은 이를테면 여성용 모자를 위한 화려한 깃털과 같은, 패션이라는 사소한 이유 때문에 이 멋진 생명체들에게 해를 끼치는 존재였다. 그것이 한때 북반구에서 자연적으로 출현한 유일한 앵무새 종이었던 가련한 캐롤라이나잉꼬를 덮친 운명이다.

19세기 중반까지만 해도 캐롤라이나잉꼬는 1,000마리 정도가 떼를 지어 미국 남동부에서 살았다. 길이는 약 15cm였고 몸집이 특별히 큰 편은 아니었다. 초록색 몸통에 머리는 노란색, 부리 주변은 빨간색이었다. 식민지 개척자들의 밭과 농장으로 인해 원래 서식지가 줄어들기 이전에는 씨앗과 열매를 먹고 살았고, 나중에는 곡물과 익지 않은 과일을 먹었다.

인간과의 접촉은 캐롤라이나잉꼬에게 치명적이었다. 이들을 유해 동물로 여긴 농부들은 캐롤라이나잉꼬가 눈에 띌 때마다 총을 쏘곤 했다. 화려한 모자 패션은 이들을 죽여야 하는 또 다른 이유가 되었다. 많은 캐롤라이나잉꼬가 사육되었고, 누구에게나 이들은 즐거운 동반자였다. 대규모 삼림 벌채와 유럽 벌의 출현에 따른 둥지 경쟁은 개체 수가 감소한 또 다른 이유이며, 사육용 가금류가 전한 바이러스성 질병 역시 이들의 멸종에 크게 기여했다.

우리는 이들이 어떻게 살았는지 아는 것이 거의 없다. 이들이 점차 야생에서 사라지기 시작했을 때는, 자연에서 이루어지는 이들의 행동을 연구하기에는 너무 늦은 상태였다. 캐롤라이나잉꼬의 깃털이 점점 더 희귀해지고 비싸지자 인간은 이들을 계속 사냥했다. 야생에서 총을 맞은 마지막 캐롤라이나잉꼬는 1913년 플로리다에서 죽었다. 이후 감금된 채 사육되고 있던 개체들에 관심이 집중되었는데, 그 수는 몇백 마리에 불과했다. 캐롤라이나잉꼬 한 쌍이 수십 년 동안 신시내티 동물원에서 살았지만, 그들은 한 번도 새끼를 낳지 않았다. 암컷인 레이디 제인Lady Jane은 1917년에 죽었고, 그녀의 파트너 잉카스Incas는 슬픔에 빠져 있다 1918년 2월 21일에 죽었다. 잉카스는 지구상 마지막 여행비둘기 마사가 죽은 바로 그 우리에 갇혀 지냈다.

앵무새는 장수 동물이다. 사육된 앵무새가 주인보다 오래 사는 것은 드문 일이 아니다. 이런 일이 일어나면 앵무새는 슬픔을 겪는 경향이 있다. 최근에는 앵무새에게 항우울제를 처방하는 것이 흔한 일이 되었다. 이를 호모 사피엔스의 감정과 비교해 보라. 적어도 지금까지는 호모 사피엔스가 다른 수많은 생명체보다 오래 살았다.

아흐다리

에쿠스 헤미오누스 헤미푸스 Equus hemionus hemippus

서식지 팔레스타인, 시리아, 이라크
멸종 시기 1928년

아흐다리Achdari는 구약성서와 코란에 묘사된 내용 덕분에 우리가 아는 야생 당나귀를 이르는 아름다운 이름이다. 말이 등장하기 전 고대 수메르인들은 아흐다리를 길들이는 데 성공하기도 했다. 불행히도 아흐다리는 생존 당시의 몇몇 사진과 그림들을 제외하면 오늘날까지 살아남지 못했다.

시리아야생당나귀로도 알려진 아흐다리는 아시아야생당나귀의 아종이었다. 이들의 주요한 특징은 크기였는데, 어깨까지의 높이가 1m에 불과했다. 털은 보통 황갈색이었고 가끔 옅은 회색도 있었다. 이들은 눈에 띌 정도로 넓은 콧구멍과 당나귀로서는 특이하게도 짧은 귀를 가졌다. 메소포타미아 지역의 산속 스텝 지대에서 큰 무리를 지어 살았는데, 당나귀치고는 매우 빨랐고, 매우 소심해서 인간과의 접촉을 피했다. 이들은 성경에 언급되어 있을 뿐만 아니라 기원전 5세기의 고대 그리스 철학자 크세노폰의 글에도 등장한다.

1584년 유럽인 중에서 최초로 아흐다리를 설명한 사람은 영국인 여행가 존 엘드레드John Eldred였다. 16~17세기만 해도 아흐다리의 개체 수는 많았는데, 자연환경이 파괴되고 농업이 발달한 19세기에 개체 수가 급격히 감소하기 시작했다. 그러나 이들의 운명이 결정된 것은 1차 세계 대전이 발발하고 나서였다. 터키인과 영국인, 베두인 병사들의 총에 쉽게 희생되었기 때문이다. 마지막으로 알려진 야생 아흐다리는 1927년 요르단의 아즈라크Azraq 오아시스 근처에서 총에 맞았고, 마지막으로 포획된 개체는 비엔나의 쇤브룬Schonbrunn 동물원에서 죽었다.

유럽 문화에서 당나귀는 어리석음을 상징한다. 그렇다면 다음과 같은 질문을 던질 만하다. 호모 사피엔스(소위 현명한 사람)는 무엇을 상징하는가?

뉴잉글랜드초원뇌조

팀파누쿠스 쿠피도 쿠피도 Tympanuchus cupido cupido

뉴잉글랜드초원뇌조 - 두개골

뉴잉글랜드초원뇌조 - 암컷

뉴잉글랜드초원뇌조 - 수컷

서식지 북아메리카
멸종 시기 1932년

큰초원뇌조(팀파누쿠스 쿠피도Tympanuchus cupido)는 미국 동부 해안의 대초원에 서식하는 닭목 중 하나인 큰뇌조와 비슷한 새다. 큰초원뇌조는 몸길이는 약 0.5m, 몸무게는 최대 약 1kg까지 자란다. 과학자들은 큰초원뇌조를 세 가지 아종으로 구분한다. 이 아종들 중 하나인 팀파누쿠스 쿠피도 쿠피도Tympanuchus cupido cupido는 뉴잉글랜드초원뇌조(히스헨Heath hen)로 알려져 있으며, 이들은 1932년에 멸종했다. 인간은 이들의 슬픈 멸종에 부정할 수 없는 역할을 담당했다.

수컷은 길고 둥근 꼬리 깃털 두 개를 가지고 있었고, 목 양쪽으로 눈에 띄는 오렌지색 공기주머니가 있었다. 큰초원뇌조들은 곤충과 연체동물, 벌레를 잡아먹고 당연히 식물도 먹었으며, 다른 닭목 새들과 마찬가지로 가끔씩만 어설프게 날았다.

옛날에는 미국 플로리다에서 캐나다에 이르는 광활한 영토에 수많은 큰초원뇌조가 살았다. 이들이 아메리카 인디언들과 나중에 유럽에서 온 정착민들에게 대량으로 사냥당한 것은 놀라운 일이 아니다. 추수감사절 저녁의 핵심은 원래 칠면조가 아니라 큰초원뇌조일 가능성이 있다. 뉴잉글랜드초원뇌조는 비록 18세기 후반에도 가난한 사람들이 쉽게 구할 수 있는 식량이긴 했지만, 19세기 들어서는 너무 많은 수가 죽임을 당하는 바람에 빠른 속도로 사라졌다. 결국 1830년 무렵에는 미국 본토에서 거의 멸종되다시피 했다. 1870년 300마리만이 매사추세츠의 마서즈비니어드섬에서 살아남았다.

뉴잉글랜드초원뇌조는 또한 고양이를 비롯한 포식자들을 대면해야 했다. 보호하려는 노력에도 불구하고 19세기 말까지 70마리만이 살아남았다. 그러다 보존하려는 노력이 성공을 거두면서 개체 수가 2,000마리까지 늘었고, 이들을 관광 상품화하는 데도 성공했다. 그러나 1916년에 재앙이 닥쳤다. 뉴잉글랜드초원뇌조가 둥지를 트는 시기에 섬에서 큰불이 난 것이다. 이후 닥쳐온 혹독한 겨울과 매의 공격, 비토착 가금류를 통한 질병 감염으로 인해 이들의 멸종이 결정되었다. 1927년에는 개체 수가 불과 수컷 다섯 마리로 줄었고, 그중 한 마리—부밍 벤Booming Ben이라는 별명으로 불렸다—만이 1920년대 말까지 살아남았다. 이 새는 1932년 3월 11일 해 질 녘에 마지막으로 목격되었다.

뉴잉글랜드초원뇌조의 슬픈 결말은 미국인들에게 경종을 울렸다. 그들은 생태계의 허약함을 깨달았고, 토착종 보존에 더 많은 투자가 필요하다고 생각하게 되었다. 그렇다고 그들의 노력이 항상 성공적이었던 것은 아니다.

태즈메이니아늑대

틸라키누스 키노케팔루스 Thylacinus cynocephalus

태즈메이니아늑대

태즈메이니아늑대 – 두개골

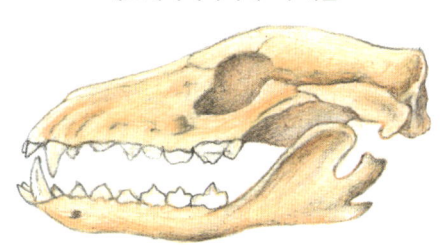

서식지 호주 태즈메이니아 및 뉴기니
멸종 시기 1936년

등에 줄무늬가 있어 태즈메이니아호랑이라고도 알려진 태즈메이니아늑대는 매혹적인 생명체였다. 꼬리를 포함한 몸길이가 약 2m였고, 몸무게는 20~30kg이었다. 태즈메이니아주머니곰과 함께 비교적 최근까지도 살아남은, 두 대형 육식 유대목 동물들 가운데 하나였다(태즈메이니아주머니곰은 지금도 살아 있다). 이들은 주로 밤에 작은 유대류와 조류를 사냥했고, 수컷도 주머니를 가지고 있는 몇 안 되는 유대목 종 가운데 하나였다. 캥거루처럼 뒷다리로 뛸 수 있었고, 심지어 짧은 시간 동안 똑바로 설 수도 있었다. 놀랍게도 턱을 120도 각도로 벌릴 수 있었지만, 그렇다고 무는 힘이 특별히 셌던 것은 아니다.

태즈메이니아늑대를 처음 접한 사람들은 약 5만 년 전 아시아가 뉴기니를 통해 육지와 연결되어 있을 때 호주 대륙으로 건너온 호주 원주민들이다. 비록 그들도 태즈메이니아늑대를 사냥하긴 했지만, 그보다는 5,000년 전에 동남아시아에서 새로운 정착자들과 함께 호주에 도착한 딩고라는 야생 개가 훨씬 더 큰 해를 끼쳤을 것이다. 태즈메이니아늑대에게 딩고는 강력한 경쟁자였다. 딩고는 이들과 같은 땅을 차지한 것은 물론 진화 측면에서 볼 때 생존에 유리한 조건을 갖추고 있었다. 이후 호주에 정착한 유럽인들은 태즈메이니아늑대를 한 번도 보지 못했다. 유럽인들이 호주 대륙에 도착한 것은 태즈메이니아늑대가 이미 대륙에서 사라진 뒤로, 이들은 훨씬 작은 태즈메이니아섬에서만 서식하고 있었기 때문이다.

태즈메이니아늑대의 존재가 제대로 알려진 것은 1792년 5월 13일 프랑스 박물학자 자크 라빌라르디에르Jacques Labillardiere가 그들의 생태에 대해 상세히 기술하면서부터다.

1803년부터는 농부들이 태즈메이니아섬으로 이주하기 시작했는데, 이때 위협이 되었던 동물이 바로 태즈메이니아늑대였다. 그들은 양들의 안전을 위한다는 명목으로 현상금을 걸고 태즈메이니아늑대를 죽이기 시작했다. 태즈메이니아늑대 사냥은 수익성 있는 사업이 되었고, 무려 2,000마리 이상이 무차별 사냥에 의해 죽고 말았다. 게다가 새로운 질병과 환경 변화에 적응하지 못하고, 태즈메이니아에뮤의 멸종으로 먹잇감마저 부족해지면서 태즈메이니아늑대 개체 수는 급격하게 줄어들었다.

1928년 그들을 보호해야 한다는 제안이 있었지만, 이 무렵에는 구할 수 있는 개체가 거의 없었다. 1930년 5월 6일 섬의 북동쪽에서 농부 윌프 배티Wilf Batty가 야생에서 마지막으로 살아남은 태즈메이니아늑대 중 하나를 총으로 쏜 것으로 알려져 있다. 1933년 태즈메이니아늑대 한 마리가 포획되어 호바트Hobart 동물원에 인도되었다. 그곳에서 그 태즈메이니아늑대는 악조건을 견디며 1936년 9월 7일까지 살아남았고, 그것이 종의 마지막 개체였다. 벤자민Benjamin이라고 불렸던 이 태즈메이니아늑대를 찍은 일 분 길이의 영상이 있다. 벤자민이 죽기 불과 두 달 전에 태즈메이니아 정부는 태즈메이니아늑대를 공식 보호종 목록에 올렸다.

이 종의 멸종에 대한 책임을 인정하지 않으려는 듯, 인간들은 이 섬에서 태즈메이니아늑대의 흔적을 찾으려는 탐색 작업을 계속하고 있다. 야생에서 태즈메이니아늑대를 발견하지 못하자 과학자들은 복제를 시도했다. 태즈메이니아주 문장❶이나 현지 맥주의 상표에도 등장할 정도로 태즈메이니아늑대는 멸종하고 나서 섬의 상징이 되었다. 태즈메이니아늑대는 19세기 유럽 정착민들에 의해 떼죽음을 당한 태즈메이니아 원주민과 같은 운명을 맞이했다. 태즈메이니아 원주민들 역시 멸종당했다고 말할 수 있지 않을까?

---

❶ 국가나 단체 또는 집안 따위를 나타내기 위해 사용하는 상징적인 표식으로, 그림이나 문자로 되어 있다.

긴꼬리얼룩왈라비

마크로푸스 그레이이 Macropus greyi

붉은캥거루 – 현존하는 가장 큰 종

여우 – 주요 포식자

긴꼬리얼룩왈라비

서식지 호주 남동부
멸종 시기 1939년

 호주 남동부

호주는 다른 곳에서는 보기 힘든 많은 희귀 동물 종들의 고향이다. 그러나 불행하게도 가장 사랑스러운 유대목 동물일 수도 있는 긴꼬리얼룩왈라비는 더 이상 그들과 함께하지 못한다.

호주 남동부에 있는 긴꼬리얼룩왈라비의 서식지는 그리 넓지 않았다. 일찍이 이 종은 태즈메이니아뿐만 아니라 다른 섬에서도 서식했다. 주로 유칼립투스 삼림 지대 가장자리와 초원 지대에 살았지만, 해안에서 종종 관찰되기도 했다. 대부분 혼자 지냈지만, 음식이 충분한 경우에는 작은 무리를 지어 살았다. 키는 약 80cm, 꼬리는 약 70cm로 캥거루보다 작았고 검은 발과 코, 눈 사이의 검은 줄무늬가 매력적이었다. 그들은 매우 빨리 달릴 수 있었지만, 멸종을 피할 만큼 빠르지는 않았다.

1900년경 긴꼬리얼룩왈라비는 비교적 흔한 종이라고 보고되었다. 그러나 그들의 가죽은 호주 패션계에서 매우 인기 있는 상품이 되었고, 이는 스포츠 사격 붐과 함께 시작된 긴꼬리얼룩왈라비의 멸종을 의미했다. 사냥이 벌어지는 곳에서는 그레이하운드 무리가 그들을 뒤쫓았다. 결정적인 타격은 늪지에서 물이 빠져 농지로 변하면서 생긴 서식지의 급격한 변화였다. 또 다른 위협은 다른 곳에서 온 포식자들이었다. 특히 개체 수가 너무 많았던 토끼를 잡아먹게 하려고 사람들이 호주로 들여온 유럽여우가 그랬다.

1910년에는 소수의 긴꼬리얼룩왈라비만 살아남은 상태였고, 1920년대 이후부터는 점점 더 드물게 목격되었다. 1924년 로브 마을 근처 코네타역 주변 야생에 서식하는 긴꼬리얼룩왈라비 무리(14마리)가 목격된 바가 있다고 기록된 것이 마지막이다. 동물학자들은 캥거루섬 국립공원으로 데려가기 위해 이 무리 가운데 네 마리를 잡으려고 시도했다가 실패했다. 그들은 탈진과 충격으로 죽었다. 이 종의 마지막 개체는 1939년 호주 남부 애들레이드에 있는 동물원에서 죽은 암컷이었다. 1970년 이 종을 대상으로 조사가 이뤄졌지만 긍정적인 결과는 나오지 않았다.

분홍머리오리

르호도네사 카리오필라케아 Rhodonessa caryophyllacea

분홍머리오리

분홍머리오리 – 두개골

서식지 인도 동부, 방글라데시, 미얀마 북부
멸종 시기 1949년

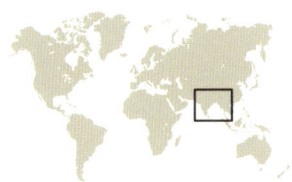

분홍색을 띠는 동물이 매우 드물다 보니 20세기까지 인도의 습지에 살았던 분홍머리오리의 모습은 사람들에게 놀라움을 안겨주었다. 더욱 놀라운 것은 70년 이상 이 매혹적인 생명체에 대해 그 어떤 것도 목격하거나 들은 바가 없다는 점이다.

분홍머리오리는 깃털 색의 독특한 대비 때문에 첫눈에 시선을 확 끈다. 수컷의 분홍색 머리와 커다란 부리, 가느다란 목덜미는 짙은 색 몸체와 대비를 이룬다. 이들은 몸길이 60cm, 날개 25cm로 몸집이 큰 오리들 가운데 하나였다. 이들은 인도 북동부의 습지와 풀이 우거진 호수에서 발견되었는데, 사람들의 손이 닿기 어려운 곳이었다. 비록 이들의 둥지가 드물게 발견되긴 했지만, 19세기에는 꽤 흔하고 사냥을 많이 당하는 새였다고 알려졌다. 이 새는 이상한 색깔 때문에 항상 값어치가 높은 존재로 여겨졌다.

야생에 사는 개체 수가 급격하게 감소하면서 인도의 도시 시장들에서 팔리는 가격이 급격히 상승했다. 하지만 개체 수 감소 원인이 사냥만은 아니었다. 가축으로 길들인 소가 그들의 자연환경 안으로 들어온 것도 한 가지 이유였다. 마지막 야생 분홍머리오리는 1935년 6월 인도에서 동물학자 찰스 잉글리스Charels Inglis가 쏜 총에 맞아 죽었다. 그는 자신이 죽인 새가 값비싼 생명체라는 것을 자신의 개가 그 새를 물고 왔을 때야 깨달았다. 이 표본은 인도 남부 마드라스에 있는 한 박물관에 수십 년 동안 전시되었다. 인도에 살고 있던 영국인 데이비드 에즈라David Ezra 경은 1945년까지 캘커타에 있는 그의 새장에 분홍머리오리 몇 마리를 가둬두었다. 감금한 상태에서 그들이 번식하도록 만들려고 애썼지만, 그들은 한 번도 번식하지 않았다. 그리고 결국 분홍머리오리는 야생에서 볼 수 없었다.

2000년 이후에도 여러 탐험대가 분홍머리오리를 찾으려고 노력했다. 생존에 적합한 서식지가 발견되긴 했지만, 존재한다는 명확한 증거는 발견하지 못했다. 과학자들은 이 새를 발견하지 못한 것이 그들이 야행성이기 때문이길 바라고 있다. 이러한 이유로 분홍머리오리는 멸종 생물 공식 목록에 추가되지 않았다.

카리브해몽크물범

네오모나쿠스 트로피칼리스 Neomonachus tropicalis

하와이몽크물범

카리브해몽크물범 - 두개골

지중해몽크물범

카리브해몽크물범

서식지 카리브해와 멕시코만
멸종 시기 1952년

1494년 포르투갈을 위해 일하고 있던 제노바 출신의 유명한 선원 크리스토퍼 콜럼버스Christopher Columbus는 두 번째 탐험에서 오늘날의 도미니카 공화국 해안에 도착했다. 그는 알타 벨로Alta Velo 섬에서 자신의 항해 일기에 "바다 늑대"라고 묘사한 흥미로운 생명체를 발견했다. 그것은 카리브해몽크물범으로, 현대 유럽인들이 신세계에서 발견한 최초의 포유동물이었다. 콜럼버스는 식량을 보충하기 위해 선원들에게 그 생명체 여덟 마리를 죽이라고 명령했다. 이로써 그는 카리브해몽크물범이 완전히 멸종하는 20세기까지 지속될 그 놀라운 동물 종의 느리고 슬픈 멸종 과정에 첫발을 내디뎠다.

우리는 카리브해몽크물범의 생활에 대해 아는 것이 많지 않다. 이들의 수명은 20년 정도이고 몸길이는 약 2.5m, 몸무게는 약 200kg까지 자랐을 것으로 추정된다. 주둥이 부분의 노란색을 제외하고는 회갈색이었다. 이들은 물고기와 바닷가재, 문어를 먹고 살았으며 유럽인들이 도착하기 전까지는 상어가 유일한 천적이었다. 이들은 겁을 먹지 않는 습성 때문에 쉬운 먹잇감이 되었다.

카리브해몽크물범이 사냥당한 주된 이유는 값비싼 기름 때문이었지만, 가죽 때문이기도 했다. 게다가 어부들은 이들을 경쟁자로 여겨 제거하고자 했다. 그러나 어부들이 문제를 오해한 것이었다. 해당 지역의 남획으로 인해 카리브해몽크물범들은 먹을 것이 없었다. 대영 박물관 설립자인 한스 슬론Hans Sloane이 1707년에 작성한 여행 보고서에 따르면, 바하마에는 카리브해몽크물범이 너무나 많아 어부들이 하룻밤 새 100마리까지 죽였다고 한다. 19세기에 카리브해몽크물범이 대량으로 학살되었다는 것은 1880년경에 희귀종으로 여겨졌음에도 불구하고 이 생명체에 대한 사냥이 계속되었음을 의미한다. 1952년 자메이카와 온두라스 사이 산호섬에서 작은 무리의 카리브해몽크물범이 마지막으로 목격되었다.

이후 5년간 카리브해몽크물범을 찾아 나선 미국 당국은 아무것도 찾아내지 못했다. 카리브해몽크물범은 2008년 공식적으로 멸종 생물 목록에 등재되었다. 엎친 데 덮친 격으로, 이 물개 종에 기생했던 콧속진드기 종인 할라라크네 아메리카나Halarachne americana도 카리브해몽크물범과 함께 멸종했다.

테코파송사리

키프리노돈 네바덴시스 칼리다이 Cyprinodon nevadensis calidae

서식지 미국 캘리포니아 테코파
멸종 시기 1970년

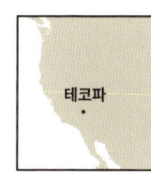

사막에서 물고기가 살 수 있을까? 그럴 수 있다. 다시 말하자면 인간이 자신들의 편의를 위해 이들을 제거하지 않는다면 말이다. 예를 들어 테코파송사리의 이야기를 살펴보자.

로버트 러시 밀러Robert Rush Miller가 1942년에 발견해 1948년에 과학적으로 기술한 이 눈에 띄지 않는 작은 물고기는 몸길이가 약 1.5cm였다. 보랏빛을 띠는 푸르스름한 색깔의 이 물고기는 조류❶❽를 먹고 살았다. 가장 주목할 만한 점은 서식지였다. 이들은 세계적으로 유명한 데스밸리Death Valley에서 불과 56km 떨어진 캘리포니아 모하비사막의 테코파 지역 온천에서 살았다. 테코파에는 물의 온도가 42℃인 온천이 두 개 있다. 이 송사리는 물이 좀 더 차가운(35℃), 물살 아래 소금물 웅덩이에서 서식했다.

1940년대에 두 온천은 휴양 시설을 짓기 위해 수로 변경 작업을 거쳤다. 이 리조트는 곧 호텔과 레저용 방갈로, 이동식 주택을 위한 공간으로 가득 찰 정도로 유명해졌다. 1965년에 두 온천의 수원이 하나의 직선으로 합쳐졌고, 그 결과 기온이 너무 높아지는 바람에 송사리가 생존할 가망이 없어졌다. 테코파송사리는 1970년에 마지막으로 목격되었다. 1970년대 후반의 탐색은 성공적이지 못했고, 이들은 1981년에 멸종 생물 목록에 추가되었다.

1890년에 발견된 테코파송사리의 친척뻘인 데빌스홀송사리(키프리노돈 디아볼리스Cyprinodon diabolis)는 운이 나은 편이었다. 이들은 지구상에서 가장 덥고 건조한 곳 중 하나인 데스밸리 근처에서 살았다. 이 종은 모두 면적 20m², 깊이 2~4m인 바위 사이 침수된 틈에서 서식하는데, 서식 면적으로 볼 때 동물 왕국의 기록 보유자다. 처음 연구된 이후 관찰 대상 개체 수는 상당한 변동성을 보였다. 한때는 수십 마리밖에 없었으며, 그로 인해 이들은 지구상에서 가장 심각한 멸종 위기에 처한 생물 종들 가운데 하나였다. 그러나 수십만 년 동안 햇빛이 거의 닿지 않는 바위틈에서 고립된 상태로 진화해온 이 송사리는 환경에 완벽하게 적응했다. 미국 과학자들은 비가 유난히 많이 내리는 시기에 주변 웅덩이에서 온 다른 종의 송사리들이 가끔 바위틈으로 들어가 데빌스홀송사리들의 유전자 풀을 보충해준다는 사실을 밝혀냈다. 만약 그렇지 않다면 데빌스홀송사리들은 오래전에 멸종했을지도 모른다.

---

❽ 광합성을 통해 산소를 발생하는 진핵 생물로 뿌리, 줄기, 잎의 분화가 안 된 단순한 구조를 갖는 생물체를 말한다.

알라오트라논병아리
타키밥투스 루폴라바투스 Tachybaptus rufolavatus

마다가스카르흰죽지

알라오트라논병아리

서식지 마다가스카르
멸종 시기 1985년

마다가스카르

우리는 앞서 매혹적인 섬 마다가스카르를 살펴보았고, 그곳이 한때는 큰여우원숭이와 거대한 새들의 고향이었다는 것을 알았다. 사실 마다가스카르는 여전히 많은 독특한 동물 종들의 서식지다. 한 종의 손실은 결코 보상될 수 없는 일이지만, 우리 인류가 그러한 손실에 대해 책임져야 할 수준은 현재 시점에 가까울수록 더욱더 커지고 있다. 1985년 알라오트라 논병아리가 야생에서 마지막으로 목격되었고, 15년 후 그들은 멸종 생물 목록에 등재되었다. 유감스럽게도 그 종의 멸종에는 다시 한번 인류가 개입했다.

이 논병아리 종은 몸길이가 약 25cm로 특별히 크지는 않았다. 눈에 띄는 적갈색 목을 가졌고, 날개가 짧아서 멀리 날 수 없었다. 이것이 이들이 마다가스카르 북동부의 알라오트라 호수Lake Alaotra의 고유종이었던 이유다. 20세기 들어서는 이 호수에서 이 종을 보기가 힘들어졌다. 1960년에는 50마리 정도 집계됐는데 1982년에는 12마리로 줄었고, 1985년에는 (마지막) 두 마리로 줄었다. 그 이후 이 지역을 탐사한 그 어떤 탐험대도 알라오트라 논병아리를 발견하지 못했다. 외관이 비슷한 개체는 모두 관련 종과 호수 주변에 많이 서식했던 작은논병아리 사이의 교배종이 아닌가 생각된다. 알라오트라 논병아리는 다양한 원인으로 멸종했는데, 모든 원인은 인간의 개입과 인간으로 인한 자연환경의 변화에 있었다. 우선 벼 경작에 필요한 논을 만들기 위해 호수 주변의 삼림 벌채가 있었다. 비료 사용으로 비료 물질이 호수로 유입된 후 논병아리의 식량 대부분을 제공했던 지역 미소동물[19]군에 변화가 생겼다. 백합을 먹고 사는 몇몇 비토착 물고기의 유입은 논병아리에게 또 다른 위협이었다. 그로 인해 둥지를 틀 기회가 줄어들었기 때문이다. 알라오트라 논병아리가 취약해지자, 특히 새끼들은 새로 유입된 포식자인 물고기의 쉬운 먹잇감이 되었다. 이 모든 불행이 충분치 않다는 듯 어부들은 눈에 띄지 않는 나일론 그물로 호수의 많은 부분을 덮었고, 그물에 걸린 논병아리들은 혼자 힘으로 빠져나오지 못했다.

알라오트라 호수에 있는 또 다른 종의 새는 알라오트라 논병아리보다는 운이 좋은 편이다. 1920년대에 처음 과학적으로 묘사된 마다가스카르흰죽지는 알라오트라 논병아리와 같은 이유로 멸종한 것으로 보인다. 비록 1991년에 호수에서 마지막으로 목격되었지만, 생존한 마지막 수컷은 포획되어 마다가스카르의 가장 큰 도시인 안타나나리보에 있는 동물원에 감금되었다. 일 년 후 이 새가 죽자 이 종은 멸종한 것으로 간주되었다. 그런데 기적에 가까운 일이 일어났다. 2006년 11월 마차보리메나 호수Lake Matsaborimena에서 성체 아홉 마리와 새끼 네 마리로 이루어진 마다가스카르흰죽지 무리가 다시 발견되었다. 자연 보호주의자들의 노력 덕분에 종을 보호할 수 있다는 것이 입증되었고, 개체 수도 증가하고 있다.

---

[19] 육안으로는 식별이 어려운, 현미경으로 볼 수 있는 아주 작은 동물을 말한다.

황금두꺼비
잉킬리우스 페리글레네스 Incilius periglenes

일반 두꺼비

황금두꺼비 – 수컷과 암컷

서식지 코스타리카
멸종 시기 1989년

코스타리카

중앙아메리카의 산이 많은 국가 코스타리카는 대서양 해안에서 태평양 해안까지 뻗어 있다. 1964년 미국의 파충류 학자 제이 새비지 Jay Savage는 코스타리카 열대 우림에서 새로운 양서류 동물 종을 발견했다. 그것은 확실히 '금'이라고 불릴 가치가 있는 오렌지색 두꺼비였다. 하지만 인류는 이 생명체가 주는 기쁨을 오랫동안 누릴 수 없었다. 이들은 1989년에 마지막으로 목격되었다.

이 두꺼비는 여러 면에서 같은 과의 다른 구성원들과 달랐다. 가장 눈에 띄는 점은 뚜렷한 이형성이 발달했다는 것이다. 즉, 수컷과 암컷의 겉모습이 매우 달랐다. 개체 수가 더 많았던 수컷은 약 5cm로 암컷보다 0.5cm 길었다. 수컷은 오렌지색이고, 암컷은 푸르스름한 검은색에 오렌지색 반점이 있었다. 황금두꺼비는 장마 직후에야 관찰되었는데, 이 시기는 모든 양서류가 알을 낳을 물을 찾아 나서는 번식기다. 전체 황금두꺼비 개체군은 몬테베르데 마을 북쪽에 위치한 4km² 미만의 열대 우림 지역에 살고 있었다. 1980년대 초반까지만 해도 이 지역에는 작은 웅덩이에 1,500마리의 황금두꺼비가 있었다. 이 두꺼비 종은 웅덩이의 습도와 정기적인 범람에 의존했고, 그 덕분에 해수면보다 높은 위치에서 살아갈 수 있었다. 그러나 1986년과 1987년 이 지역에 너무나 심한 가뭄이 들어 올챙이들이 어른 두꺼비로 변하기도 전에 웅덩이가 말라버렸고, 이는 재앙적인 결과를 초래했다. 1988년에 집계한 결과 10마리만 발견되었다. 1989년 5월 15일은 황금두꺼비가 마지막으로 목격된 날이다. 그들의 멸종은 매우 건조한 조건에서 번성하고, 전 세계의 양서류 개체 수를 계속 위협하는 곰팡이류로 인한 감염으로 매듭지어진 것으로 보인다. 동물원의 테라리엄[20]들도 조사했지만, 황금두꺼비는 더 이상 발견되지 않았다. 2007년 황금두꺼비는 멸종 생물 목록에 등재되었다.

컬럼비아 대학 과학자들은 황금두꺼비가 한때 거주했던 지역에서 나온 나무 샘플을 분석했다. 그 결과 1980년대 후반의 가뭄이 아마도 태평양 해류와 대기의 상호작용, 그로 인한 지구 전체의 날씨에 대한 영향으로 정의되는, '엘니뇨'라고 알려진 복잡한 기후 현상의 결과였을 거라고 최근 확인했다. 큰 가뭄 이후 마침내 코스타리카에 비가 내리기 시작했을 때 또 다른 재앙이 찾아왔다. 저지대 농장에서 원주민들이 사용한 농약과 여러 유해 물질이 비가 내리면서 주변으로 퍼진 것이다. 가뭄으로 이미 쇠약해진 황금두꺼비는 피부를 통해 그런 유해 물질을 흡수하면서 중독되었다.

인간이 황금두꺼비 멸종을 초래한 유일한 원인인지는 아직 밝혀지지 않았다. 인간의 활동이 엘니뇨의 강도를 높이는 역할을 했는지도 아직 확실치 않다. 하지만 한 가지 확실한 것은, 오늘날 황금두꺼비를 보고 싶으면 사진이나 희귀한 영상 기록물을 찾아봐야 한다는 사실이다.

---

[20] 테라리엄은 토양 및 식물을 포함하는 밀봉 가능한 유리 용기이며 유지 보수를 위해 열 수 있게 되어 있다. 지상이나 물가에서 생활하는 동식물 등을 사육·전시하는 사육장이다.

오우
프시티로스트라 프시타케아 Psittirostra psittacea

그로스비크핀치

포오울리

오우

서식지 하와이
멸종 시기 1989년

약 500만 년 전, 오늘날 꿀먹이새로 알려진 새들의 조상이 바람을 타고 하와이로 왔을 가능성이 있다. 갈라파고스 제도의 '다윈 핀치'처럼 이 핀치의 먼 친척들은 다양한 환경에 적응하고, 많은 다른 종으로 진화했다. 과즙을 먹고 사는 종들은 가늘고 구부러진 긴 부리를 발달시킨 반면, 씨앗을 먹고 사는 종들은 짧으면서 두껍고 강한 부리를 가지고 있었다. 아주 최근까지 이런 종들에는 원주민들에게 '오우'라고 알려진 종이 포함되어 있었다. 오우는 몸길이가 약 17cm였다. 수컷은 녹색 몸에 노란색 머리를 가졌고, 암컷은 회색 배에 초록색을 띠었다. 오우가 내는 소리는 수킬로미터 밖에서도 들을 수 있을 만큼 컸다. 주로 과일을 먹었지만 곤충을 잡아먹기도 했다. 비행 속도가 특별히 빠르지는 않았지만 지구력이 뛰어나 먼 거리를 갈 수 있었다. 오우에 대해서는 1789년 독일의 박물학자 요한 프리드리히 그멜린Johann Friedrich Gmelin이 처음 기술했다. 오우는 한때 군도에 있는 대부분의 큰 섬에 서식했다. 그러나 20세기 초 오우의 개체 수는 급격히 감소했고, 1989년에 마지막으로 야생에서 목격되었다.

오우가 멸종한 것은 다른 하와이 꿀먹이새들, 특히 아마키히와 코나그로스비크, 하와이마모가 멸종한 이후였다. 일부 언어권에서는 오우를 앵무새라고 부르는데, 하와이 원주민들은 족장의 예복에 그들의 깃털을 사용했다. 그들은 단향목과 빵나무의 수액으로 만든 접착제를 이용해 오우를 잡곤 했다. 그렇게 그들이 이 종의 멸종에 기여했을 가능성이 있다. 그러나 오우 입장에서 진짜 재앙은 유럽에서 온 정착민들이 야기한 생태계의 변화였다. 그들이 데리고 온 가축은 오우의 원래 서식지를 파괴했고, 그들이 데리고 온 포식자들은 오우를 박멸하는 작업에 착수했다. 유럽 패션업계에 고용된 인간들의 총기, 자신들만의 오우를 소유하고자 한 박물관들의 욕심도 있었다. 그리고 조류 말라리아를 비롯한 새로 들어온 질병들이 대대적인 학살을 매듭지었다.

또 다른 주목할 만한 꿀먹이새 종인 포오울리(멜람프로솝스 파이오소마Melamprosops phaeosoma)도 지금쯤 멸종했을 것이다. 1973년 하와이 대학 학생들이 마우이섬의 산속 삼림 지대에서 발견했는데, 당시에도 이 새들은 200마리만 존재하는 것으로 추정되었다. 이 종은 최후의 포오울리 암컷이 조류 말라리아로 죽은 2004년 이후 목격된 적이 없다.

잔지바르표범
판테라 파르두스 아데르시 Panthera pardus adersi

어린 잔지바르표범

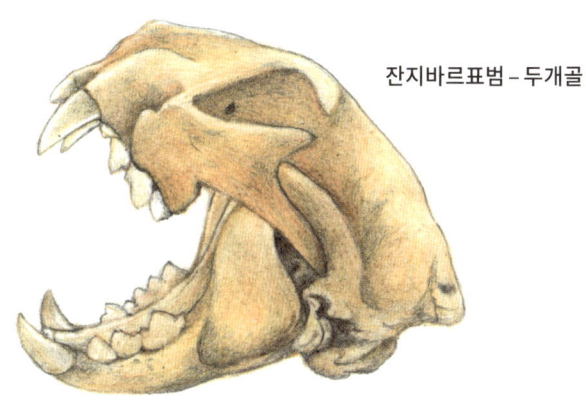

잔지바르표범 – 두개골

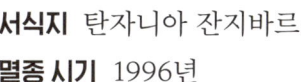

서식지 탄자니아 잔지바르
멸종 시기 1996년

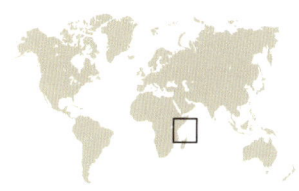

인류는 실수로부터 배울 수 있을까? 그런 것 같지 않다. 20세기 말 인간들은 잔지바르섬에 사는, 아름답고 경외심을 불러일으키는 표범이 멸종하도록 내버려두었다. 이들의 멸종은 흑마술과 인간들이 작동한 살상 기계 때문에 벌어졌다.

표범은 아프리카와 아시아라는 광대한 영토, 그리고 한때는 유럽에서도 다양한 환경에 적응해온 큰 고양이다. 하지만 인간의 활동은 점차 이들의 영역을 축소했고, 이것은 숨을 곳이 없는 잔지바르에서 어떤 일이 대규모로 벌어질지를 예고했다. 오늘날의 생물학자들은 두 종의 표범을 알고 있다. 아프리카표범(판테라 파르두스 파르두스Panthera pardus pardus)의 아종으로서 가장 널리 알려진 일반 표범(판테라 파르두스Panthera pardus)과 이르비스Irbis라고도 알려진 눈표범(판테라 웅키아Panthera uncia)이다. 잔지바르표범은 과학자들이 오랫동안 실제로는 표범의 별도 아종이 아니라는 점을 두고 논쟁해오긴 했지만, 표범속에 속했다. 이들은 동아프리카 해안과 나란히 뻗은 잔지바르 제도의 두 섬 가운데 가장 남쪽에 있으면서 가장 큰 섬인 웅구자Unguja에서 빙하기 말기부터 고립된 채 진화했다. 다른 표범들에 비해 전체적으로 몸집이 작고 털이 더 연했으며, 검은 반점의 모양도 달랐다.

우리는 이 생명체의 생활 방식에 대해 아는 것이 거의 없다. 이들이 사람들에게 심어준 미신은 이들의 생활양식에 관한 연구를 매우 어렵게 만들었다. 섬에 사는 원주민들은 표범을 무서워했다. 그들은 표범을 '와차위Wachawi'로 알려진 어둠의 마법의 전령으로 여겼는데, 와차위의 임무는 마을 사람들이나 그들의 가축을 죽임으로써 마을 사람들에게 고난을 가져다주는 것이었다. 그러나 이 미신은 아주 오래가진 않았던 것으로 보인다. 표범이 왕실의 동물로 지역 전설에 등장하기 때문이다.

표범의 개체 수는 인간의 수가 늘면서 감소했다. 인간들 사이의 분쟁도 많아졌다. 게다가 표범 가죽은 인기 상품이 되었다. 그 결과 1919년 영국 정부 당국은 특별 허가증을 소지한 사람들만 표범을 총으로 쏠 수 있다는 법안을 통과시켰다. 이때 잔지바르의 토착 표범은 생존 가능성이 있는 듯 보였다. 하지만 끈질긴 미신과 공포는 법보다 더 강력했다. 1950년 식민지 정부는 잔지바르표범을 보호종 목록에서 삭제했다. 1964년 잔지바르가 독립국 탄자니아의 일부가 되자 표범의 대규모 살육이 다시 시작되었다. 키탄지Kitanzi라고 불리는 종교 지도자이자 마녀 사냥꾼은 표범이 마녀와 한통속이기 때문에 죽여야 한다고 주장했고, 섬의 표범들을 몰살할 목적으로 살상 캠페인을 벌였다.

우리는 1980년대 후반과 1990년대 초에 잔지바르에서 표범이 여전히 죽어나갔다는 사실을 알고 있다. 마지막 개체군이었다. 1997년에 실시한 조사에서는 잔지바르섬에 잔지바르표범이 존재하는지 여부를 확인할 수 없었다. 지금 지역 사람들을 겁줄 수 있는 것은 박물관에 있는 박제된 표범들뿐이다. 다른 사람들은 이 생명체가 남긴 다른 유물이 런던과 하버드 대학에 보관된 가죽 표본뿐이라는 사실에 놀랄 것이다. 더욱이 1937년과 1984년에 각각 멸종한 발리호랑이와 자와호랑이의 멸종 이야기를 빼닮은 잔지바르표범의 멸종과 관련된 슬픈 이야기도 마찬가지다.

피레네아이벡스
카프라 피레나이카 피레나이카 Capra pyrenaica pyrenaica

피레네아이벡스

피레네아이벡스 – 머리

서식지 유럽 남서부 피레네산맥
멸종 시기 2000년

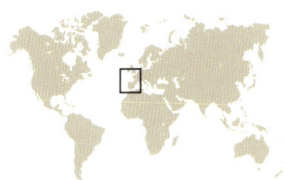

피레네산맥

피레네아이벡스는 네 가지 이베리아아이벡스(카프라 피레나이카 Capra pyrenaica)의 아종 가운데 하나였다. 이들은 멸종한 생명체들에 흥미로운 선례를 남겼다. 성공적으로 복제된 최초의 멸종 동물 종이 된 것이다. 하지만 이제 야생에서 이들을 마주칠 일은 없다.

이베리아아이벡스는 우아하고 위풍당당한 동물이다. 피레네아이벡스는 수컷이 크고 두꺼운 수금 모양의 뿔을 가지고 있었다는 점에서 다른 친척뻘 동물들과 크게 달랐다. 암컷은 수컷보다 상당히 작았다. 이 종은 모두 높은 고도의 산악 생활에 매우 잘 적응했다. 유연한 발굽과 상대적으로 짧은 다리 덕분에 한 바위에서 다른 바위로 높이 점프할 수 있고, 가파른 경사면에서 쉽게 움직이며 풀과 이끼를 뜯을 수 있었다. 아이벡스의 짧은 털은 겨울에 두꺼워지고, 신장은 추운 계절을 위해 지방을 저장하는 능력을 발달시켰다.

이베리아아이벡스의 네 아종은 모두 한때 프랑스와 안도라 사이의 국경 지대를 포함한 포르투갈과 스페인의 산악 지대에서 살았다. 이베리아아이벡스는 높은 고도에서 살 수 있는 놀라운 능력에도 불구하고 항상 인류의 사냥 대상이었다. 이들은 화기 앞에서 무기력했다. 이들의 개체 수는 산양 그리고 가축 소와 벌인 먹이 경쟁, 집중적인 사냥과 밀렵으로 인해 감소했다. 게다가 먹이 경쟁자들이 옮기는 다양한 전염병으로 인해 큰 피해를 입었다. 포르투갈 북부, 주로 시에라 도 게레스Sierra do Geres산맥에 서식했던 포르투갈아이벡스 아종은 20세기로 들어설 무렵 야생에서 사라졌다. 이들의 뿔은 다른 이베리아아이벡스 종들보다 상당히 짧고 훨씬 넓었다.

피레네아이벡스의 개체 수가 급격히 감소한 데는 위에서 언급한 모든 원인이 작용했다. 1918년에 보호종으로 선언했지만, 개체 수는 증가하지 않았다. 1980년대 말까지 야생에는 40여 마리만이 살았다. 개체 수가 계속 감소하자 동물학자들은 살아남은 동물들을 포획하기로 했다. 하지만 단 세 마리의 암컷만 발견되었고, 모두 다른 아종의 수컷들과 번식하기에는 나이가 너무 많았다. 이러한 이유로 1999년 실리아Celia라는 이름의 마지막 생존 암컷에게서 복제를 위한 조직 표본을 채취했다. 2000년 1월 6일 실리아의 사체는 쓰러진 나무 밑에서 발견되었고, 이것은 실리아가 속한 아종의 멸종을 의미했다.

하지만 정말 그것으로 끝이었을까? 2003년 실리아의 샘플을 이용해 프랑스와 스페인 과학자들은 새로운 개체를 복제하는 데 성공했다. 비록 그 어린 피레네아이벡스는 선천성 폐 결함으로 7분밖에 살지 못했지만 말이다. 그러나 과학자들은 이후 무엇이 잘못됐는지 밝혀내고 두 번째 복제를 준비하고 있다.

양쯔강돌고래
리포테스 벡시리페르 Lipotes vexilifer

양쯔강돌고래　　　　　　　　　　　일반 돌고래

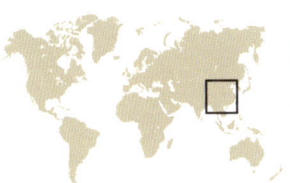
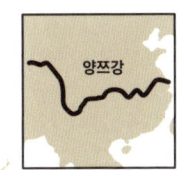

서식지 중국 양쯔강
멸종 시기 2007년

진화의 힘은 한계가 없는 듯하다. 오늘날의 고래목 동물과 같은 초창기 유제류[20](아마도 오늘날 하마의 가장 가까운 친척들일 것이다)는 광활한 해양 평원을 자유롭게 누비기 위해 수없이 많은 시간을 수중 환경에 적응하는 데 썼을 것이다. 지구에서 가장 큰 생물인 흰긴수염고래, 인간의 지능과 여러 면에서 비교되는 돌고래도 그런 과정을 거쳤다. 그런데 그런 수고로움도 모른 채 인간의 손에 의해 최근 양쯔강돌고래가 멸종되고 말았다. 인간의 팽창 본능에도 한계가 없는 듯하다.

강돌고래 네 종 가운데 하나인 양쯔강돌고래는 '바이지baiji'라고도 하는데, 해양돌고래에 비해 턱은 좁으면서 길었고, 등지느러미가 덜 뚜렷했으며, 시력도 훨씬 약했다. 이들은 탁한 물에서 살았기 때문에 박쥐가 사용하는 동물 레이더인 반향 위치 측정에 의존하며 방향감각을 유지했다. 이들의 푸르스름한 회색 몸은 길이가 약 2.5m였고, 몸무게는 약 140kg에 시속 60km까지 달릴 수 있었다. 양쯔강돌고래는 중국에서 가장 큰 강인 양쯔강에서 세 마리에서 열 마리 정도가 무리를 이룬 채 주로 물고기를 먹고 살았다. 이들의 별명 중 하나인 '양쯔강 여신'이 증명하듯, 양쯔강돌고래는 중국 문화에서 중요한 위치를 차지했다. 평화와 번영의 상징으로 여겼고, 아름다운 전설들과도 관련되어 있다. 사랑하지 않는 남자와의 결혼을 거부하다 친정 식구에게 익사당한 공주를 상징한다고 전해지기도 한다. 양쯔강돌고래는 기원전 200년경 중국 백과사전에 처음 언급되었는데, 당시에는 5,000마리쯤 존재했던 것으로 추정된다. 이 돌고래가 분명히 멸종 위기에 처한 종이었던 1978년, 이 돌고래만을 위한 연구 센터가 중국과학원에 설치되었다.

이들의 개체 수 감소는 20세기 중국의 대규모 산업화에 기인했다. 하천 오염, 무분별한 남획, 시끄러운 선박들의 증가 등 인간들의 환경파괴는 우리가 이 특별한 종이 멸종으로 내몰릴 때 옆에서 수수방관하고 있었음을 의미한다. 1950년대 말에는 돌고래 가죽으로 핸드백을 만드는 공장까지 양쯔강 근처에 문을 열었다. 양쯔강돌고래는 1979년 멸종 위기종 목록에 올랐지만, 점차 개체 수가 줄어들어 1990년에는 야생에 200마리밖에 남지 않았다. 1994년에는 거대한 삼협댐이 건설되면서 더 큰 전환점이 생겨났다. 1998년 양쯔강에 서식하는 양쯔강돌고래는 불과 일곱 마리였다.

2005년 포획한 돌고래를 번식시키려다 실패하자 이들을 구하기 위한 대담하지만 어리석은 계획을 구상했다. 헬리콥터를 이용해 살아남은 돌고래들을 양쯔강과 연결돼 있고 더 조용한 조건이 구비된 스서우 톈저우Shishou Tian-e-Zhou 호수로 옮기겠다는 것이었다. 하지만 이후 첨단 기술을 갖춘 탐험대는 강에서 단 한 마리의 양쯔강돌고래도 찾지 못했다. 2007년부터 양쯔강돌고래는 멸종된 것으로 여겼다. 지금도 목격 사례가 간간이 보고되고 있지만, 외따로이 떨어진 개별 개체들이 서로를 찾아내 번식한다는 것은 불가능한 일이다.

이런 이유로 고래잡이배들과 국제기구들은 바다에서 살상할 수 있는 고래의 수를 정하기 위한 싸움을 벌여왔다. 양쯔강돌고래는 현대 역사에서 처음으로 멸종한 고래목 동물이 되었다. 그런데도 인간은 양쯔강 여신의 슬픈 결말에서 교훈을 얻지 못했다.

---

[20] 포유류 중에서 발끝에 각질의 발굽을 가진 동물을 말한다.

네안데르탈인
호모 네안데르탈렌시스 Homo neanderthalensis

현대 인류와의 만남

석기 제작

서식지 유럽, 아시아
멸종 시기 기원전 22000년

1856년 8월 중순, 뒤셀도르프 근처 네안데르탈 계곡에 있는 석회석 채석장에서 이탈리아 노동자들이 인간의 유골을 발견했다. 채석장 주인들은 독일 교수 요한 카를 플로트Johann Carl Fuhlrott에게 이 사실을 알렸다. 그는 전문가적인 눈으로 유골을 조사했다. 처음에는 플로트도, 과학계도 조사 결과를 믿고 싶어 하지 않았다. 하지만 결국 그들은 플로트가 지금까지 알려지지 않은, 멸종한 선사 시대의 인류 종을 발견하고 기술했다는 것을 받아들였다.

오늘날 우리는 네안데르탈인이 존재했고, 그들이 한때 유럽과 아시아의 넓은 지역에 거주했다는 것을 알고 있다. 하지만 네안데르탈인의 삶에 대한 많은 것이 우리에게 수수께끼로 남아 있다. 예를 들면 우리는 이 선사 시대 인류가 왜 사라졌는지 아직도 정확히 모른다. 멸종당한 것일까? 네안데르탈인은 낮은 이마, 약한 턱, 넓은 코, 강해 보이는 눈썹 부근 마루 덕분에 첫눈에도 지금의 인류와는 다르게 보인다. 빙하기의 혹독한 기후 조건과 큰 동물들과의 싸움에 적응한 네안데르탈인은 호모 사피엔스보다 몸집이 작았지만, 튼튼한 몸으로 충분히 침략자들을 굴복시킬 수 있었을 것이다. 최근에 와서 우리는 이들이 진화의 마지막 단계에 있었고, 우리가 생각했던 것만큼 원시적이지 않았다고 믿게 되었다.

60만 년 전과 25만 년 전 사이에 아프리카와 유럽에 살았던 하이델베르크인(호모 하이델베르겐시스Homo heidelbergensis)은 네안데르탈인과 현 인류의 공통 조상이었을 것이다. 그들은 유럽의 혹독한 기후 조건 속에서 네안데르탈인으로 진화했고, 아프리카에서는 호모 사피엔스로 진화했다. 약 6만 년 전 아프리카 종은 북쪽으로 이주했고, 약 4만 년 전 유럽에 널리 퍼졌다. 현 인류와 네안데르탈인은 적어도 1만 년은 함께 살았고 자연스럽게 접촉했을 가능성이 크다. 우리가 확실히 아는 것은 호모 사피엔스가 유럽에 도착한 후 네안데르탈인이 비교적 빨리 멸종했다는 사실이므로, 현 인류가 네안데르탈인을 멸종시키는 데 모종의 역할을 했을 것으로 추정할 수 있다.

가장 보편적인 이론 중 하나에 따르면, 현 인류와 그들의 가축이 네안데르탈인이 몰랐던 전염병과 기생충을 유럽으로 가져왔고, 네안데르탈인은 이에 굴복했다는 것이다. 물론 두 종 사이에 충돌이 있었고, 좀 더 원시적인 무기 때문에 네안데르탈인이 싸움에서 졌을 가능성도 있다. 최근의 연구는 새롭게 도래한 현대 인류의 수가 훨씬 많았고 식단이라는 면에서 좀 더 적응력이 강했음을 시사한다. 네안데르탈인이 상대적으로 적었던 것에 대한 또 다른 설명은 네안데르탈인 여성들과 관련이 있다. 네안데르탈인 여성들은 남성들과 나란히 사냥에 나섰던 것으로 보인다. 그 때문에 아이들을 돌볼 시간이 줄었고, 결과적으로 출산율이 낮았다. 현대 인류는 더 오래 살았기 때문에 아이를 키우는 과정에 할머니들을 활용할 수 있었다. 또한 고고학적 유물들은 호모 사피엔스가 털을 사용해 복잡하고 품질 좋은 따뜻한 옷을 만들 수 있었음을 암시한다. 네안데르탈인 역시 분명 옷을 입긴 했지만, 그들은 털가죽이 아니라 주로 식량을 구하기 위해 동물을 사냥했다. 간단히 말하면 더 진보적이고 적응력이 뛰어난 종이 살아남았다는 것이다.

네안데르탈인(호모 네안데르탈렌시스Homo neanderthalensis)은 이 책에 포함된 마지막 동물 종이다. 과연 이들이 여기에 있는 것이 맞는 일일까? 이들은 현대 인류로 인해 멸종된 것일까, 아니면 치열한 경쟁 속에서 불리한 상황에 처했던 것일까? 그리고 타임라인으로 보면 이 책의 맨 앞에 나와야 할 것 같은데 그렇지 않은 이유는 무엇일까? 어떻게 보면 네안데르탈인은 여전히 우리 안에 있다고 할 수 있다. 네안데르탈인과 현대 인류의 접촉은 일정 부분 교배를 불러왔다. 오늘날 우리는 모두 약 2%의 네안데르탈인 유전자를 갖고 있다.

지은이 **라데크 말리 Radek Malý**
체코의 작가, 시인, 번역가, 대학 교수. 다양한 분야의 작품을 출간했는데, 특히 2011년에 발표한 『어린이를 위한 시 모음집』과 2017년에 출간한 『젊은 성인들을 위한 프란츠 카프카 - 그의 시간과 우리 자신의 남자』는 국제적으로 큰 성공을 거두었다.

일러스트 **이르지 그르바브치치 Jiří Grbavčic**
체코의 여러 예술가와 함께 책 표지와 본문에 들어가는 다양한 일러스트 작업을 했다. 특히 연필과 펜으로 그리는 일러스트와 유화 작업은 출판 관계자들의 찬사를 받았는데, 세심한 드로잉과 매끄러운 그림 기법, 그리고 거의 사진처럼 느껴지는 극사실주의 묘사가 특징이다.

파벨 드보르스키 Pavel Dvorský
체코의 유명한 과학 일러스트레이터. 프라하의 예술 건축 디자인 아카데미에서 일러스트를 공부했다. 주로 대중적인 과학 테마와 관련된 일러스트를 그렸으며, 2004년부터는 체코 우표를 디자인함으로써 작품의 다양성을 유지하고 있다.

옮긴이 **황성연**
한국에서 프랑스어를 공부하고 미국에서 국제정치학 석사 과정을 전공했다. 세상의 많은 책과 글을 좋아해서 번역가의 길을 걷고 있다. 현재 글밥 아카데미 수료 후 바른번역 소속 번역가로 활동 중이며, 역서로는 『결정 수업』, 『기억되지 않는 여자, 애디 라뤼』가 있다.